BİR SAVAŞIN TASVİRİ

Franz Kafka

BİR SAVAŞIN TASVİRİ / *Franz Kafka*
ÖZGÜN ADI: *Beschreibung Eines Kampfes*

GENEL YAYIN YÖNETMENİ: Kadir Yılmaz
ALMANCA ASLINDAN ÇEVİREN: Yavuz Haznedaroğlu
EDİTÖR: Selçuk Uzman
REDAKSİYON: Nergihan Yeşilyurt
SON OKUMA: Yasemin Önder

KAPAK VE İÇ DÜZEN: Repar Tasarım
BASKI: Mayıs 2019 - 1. Basım
ISBN: 978-605-7829-40-5
SERTİFİKA NO: 40675

Karbon Kitaplar, Repar Tasarım Matbaa ve Reklamcılık Ticaret Limited Şirketi'nin tescilli markasıdır.

Repar Tasarım Matbaa ve Reklamcılık Ticaret Limited Şirketi
Mimar Sinan Mah., Selami Ali Efendi Cad., No: 5
34672, Üsküdar/İstanbul
0212 522 48 45
iletisim@karbonkitaplar.com
BASIM VE CİLT
Repar Dijital Matbaası

Franz Kafka (1883-1924)

Franz Kafka, 3 Temmuz 1883'te orta sınıf Yahudi bir ailenin çocuğu olarak, o dönem Avusturya-Macaristan İmparatorluğu'nun sınırları içerisinde bulunan Prag'da dünyaya geldi. 1893-1901 arasında, buradaki Avusturya Lisesine gitti. 1901 yılında liseden mezun olmasının ardından Prag Üniversitesinin Hukuk Fakültesine kayıt oldu ve 1906'da öğrenimini doktorayla bitirdi.

Eğitimini tamamladıktan sonra, 1907'de bir sigorta şirketinde çalışmaya başlayan Kafka, iş dünyası içindeyken de edebiyatla ilişkisini devam ettirdi. Bu yıllarda *Taşrada Düğün Hazırlıkları* öyküsünü yazdı. Yine aynı dönemde, 'Kafka' isminin dünya edebiyatına kazandırılmasında önemli bir rol oynayan arkadaşı, yazar Max Brod'la tanıştı.

Kafka, 1917'de ciddi sağlık problemleri yaşamaya başladı. Durumu günden güne daha da kötüye gittiği için 1922'de emekli oldu. Bir sene sonra tamamen edebiyata yönelmek için Berlin'e taşındı. Sağlık durumu bir türlü düzelmeyen Kafka, 1924'te Viyana'da, henüz kırk bir yaşındayken hayata gözlerini yumdu.

Kafka, vasiyetinde Brod'tan, yazdığı bütün çalışmalarını yakmasını isteyen bir ricada bulundu. Ancak Brod, bu vasiyete uymayarak 1925'ten itibaren başta romanları olmak üzere otuz yıl içinde Kafka'nın birçok eserini yayımlatmıştır.

Ve giysiler içinde insanlar
Gezerler salınarak çakıl yolda
Bu büyük gök kubbenin altında
Uzaktaki tepelerden
Uzak tepelere uzanan...

I

Saat on iki civarında ilk birkaç kişi ayağa kalktı. Reveranslar yaparak birbirlerine ellerini uzattılar, pek güzel dediler; sonra giyinmek için büyük kapıdan koridora geçtiler. Evin hanımı orta yerde durmuş kıvrak reveranslar yapıyor, etekliğindeki kıvrımlar nazlı nazlı sağa sola uçuşuyordu.

Ben küçücük bir masada oturmuş -ince ve kavi üç ayağı vardı masanın- üçüncü Benediktiner[*] kadehimi yudumlarken bir yandan da bizzat seçerek tabağıma koyduğum o nefis pasta ve böreklere bakıyordum. O sırada, yeni ahbabım doğruca yanıma geldi ve benim o anki meşguliyetime şaşırmış halde gülümseyerek titrek bir sesle: "Rahatsız ettiğim için bağışlayın! Şimdiye kadar benim kızla baş başa yandaki odalardan birinde oturuyordum. Saat on buçuktan beri, fazla uzun da sayılmaz hani... Bunu size söylediğim için bağışlayın! Birbirimizi doğru düzgün tanımıyoruz bile. Öyle değil mi, bu akşam merdivenlerde karşılaştık, birbirimize nazik sözler söyledik ve şimdi de size kız arkadaşımdan bahsediyorum. Ama -yalvarırım- bağışlayın beni, mutluluğumu içimde tutamıyorum, çaresiz kaldım. Ayrıca, burada güvenebileceğim başka tanıdıklarım da olmadığından..."

---

[*] Bir tür konyak.

Üzülerek ona baktım –çünkü ağzımdaki meyvalı pastanın pek tadı yoktu- ve hoş bir kırmızılığa bürünmüş yüzüne doğru: "Size güvenilir biri gibi göründüğüm için mutluyum, ama bunları bana anlattığınız için üzgünüm. Böyle tek başına oturmuş içkisini yudumlayan birine, sevimli bir kızdan bahsetmenin ne kadar yersiz olduğunu –kafanız böyle karışık olmasa- eminim siz de fark ederdiniz."

Ben bunu söyleyince, birden ani bir hareketle oracıktaki saldalyeye çöktü, arkasına yaslanıp kollarını sarkıttı. Sonra dirseklerini sivriltip geriye aldı ve hayli yüksek bir sesle kendi kendine konuşmaya başladı: "Daha demin o odada biz bize oturuyorduk Annie ile. Ve ben onu öptüm; onu ağzından, kulaklarından, omuzlarından öptüm."

Bizim tarafta bulunan ve daha ateşli bir söyleşinin kokusunu alan beylerden birkaçı, esneyerek bize doğru yaklaştılar. Bu yüzden ayağa kalkıp herkesin işitebileceği bir tonla: "Pekâlâ, madem istiyorsunuz, o zaman sizinle geliyorum!" dedim. "Şu kış günü, üstelik geceleyin Laurenzi Tepesi'ne çıkmak deliliktir; çünkü hava hâlâ çok serin, hem biraz kar da var ortalıkta; dışarıda yollar şimdi paten pisti gibidir. Ama isterseniz size eşlik ederim."

Önce hayretle bana bakıp geniş ve ıslanmış dudaklarını araladı. Ama sonra, hemen yakınımızda bulunan beyleri fark edince güldü ve ayağa kalkıp "Ah, evet, serin hava iyi gelir!" dedi; "Giysilerimiz ateş ve dumanla dolu. Hem ben de içmeden sarhoş olmuş gibiyim biraz. Eh, artık vedalaşıp gidebiliriz."

Böylece evin hanımına gittik. Benim ahbap elini öpünce kadın, "Bugün sizi böyle mutlu gördüğüme sevindim doğrusu." dedi. Bu sözlerdeki içtenlik benim ahbabı duygulandırmıştı, tutup bir kez daha öptü kadının elini; bunun üzerine gülümsedi kadın.

Holde bir hizmetçi kız bekliyordu, ilk kez görüyorduk onu. Bize paltolarımızı tuttu, sonra merdivenleri aydınlatmak için eline küçük bir lamba aldı. Çıplaktı boynu, sadece çenesinin alt kısmı kadife bir yakalıkla sarılmıştı; bol bir giysinin içinde vücudu eğik duruyor, lambayı yere doğru tutarak önümüz sıra merdivenlerden inerken ikide bir gerilip uzanıyordu. İçtiği şarap yüzünden yanakları al al olmuştu, dudakları hafiften açılmıştı. Merdivenin sonuna gelince lambayı bir basamağın üzerine bıraktı, sendeleyerek benim ahbaba doğru bir adım attı ve onu kucaklayıp öptü; öylece kucaklar durumda kaldı. Ancak ben eline bahşiş tutuşturunca kollarını uykulu uykulu ayırdı ondan ve yavaşça evin küçük kapısını açarak bizi gecenin içine saldı.

Yeknesak bir aydınlığa gömülmüş boş sokağın üstünde, hafiften bulutlu, dolayısıyla daha bir genişlemiş görünen gökyüzünde kocaman bir ay vardı. Buz tutmuş karda ancak kısa adımlarla yürünebiliyordu. Dışarı çıkar çıkmaz, içimi büyük bir sevinç kaplamıştı. Sanki bir dostum köşeyi dönmüş de kayıplara karışmış gibi, sokak içlerine doğru bir isim haykırdım. Şapkamı sıçrayıp havaya fırlattım ve fiyakalı bir pozla yeniden yakaladım.

Ahbabım hiçbir şeyi umursamadan yürüyordu yanımda. Başını eğik tutuyor, konuşmuyordu. Bu şaşırtmıştı beni; çünkü onu evdeki topluluk içinden dışarı çıkardığımda, sevinçten çılgına döneceğini düşünmüştüm. Eh, ben de sessizliği bozmadım. O sırada onu biraz neşelendirmek için sırtına bir yumruk indirdim; ama öyle bir utanca kapıldım ki elimi hemen beceriksizce geri çektim. Elimin şimdilik bana gereği olmadığından, ceketimin cebine soktum.

Suskun suskun yürüyorduk. Bu da beni biraz kızdırdı. Oysa ay parlıyordu, bacaklarını çok net görebiliyordum. Öte yandan, yer yer bir pencereye yaslanmış, bizi seyredenler vardı. Ferdinand Caddesi'ne geldiğimizde, baktım, ahbabım bir melodi mırıldanmaya başladı. Sesi uzaktan gelir gibiydi ama duyabiliyordum. Bunun bana yapılan bir hakaret olduğunu düşündüm. Öyle ya, ne diye konuşmuyordu benimle? Bana ihtiyacı yoktu da ne diye rahatımı bozdu? Onun yüzünden masamda bıraktığım pastaları börekleri hatırlayıp öfkelendim. İçkiyi de hatırlayınca neşem biraz daha yerine geldi, hatta biraz gururlandım. Elimi arkaya koyup tek başıma çıktığım gezintinin hayalini kurmaya başladım. Ama işte bir topluluğun içinde bulunmuş, nankör bir genci mahcup olmaktan kurtarmıştım ve şimdi de ay ışığında dolaşıp duruyordum. İşte, kendi doğallığı içinde sınırsız bir yaşam biçimi… Bütün gün dairede, akşamları davet ve toplantılarda, gece de ölçüyü kaçırmadan sokaklarda geçen bir yaşam...

Fakat ahbabım hâlâ arkadan geliyordu; hatta geride kaldığını fark edince adımlarını biraz daha hızlandırdı; sanki bu doğal bir şeymiş gibi bir havaya büründü. Ama ben, acaba bir yan sokağa sapsam daha iyi etmez miyim, diye geçirdim aklımdan; çünkü onunla birlikte bir gezinti yapmak zorunda değildim.

Tek başıma kalkıp eve gidebilirdim, kimse de bana engel olamazdı. Odama ayak basınca masamın üzerinde duran demir ayaklı lambayı yakar, lime lime olmuş o şark halısının üzerindeki koltuğa yan gelir kurulurdum. Bunca şeyden sonra, bir ağırlık çökerdi üzerime. Üzerine resimler çizilmiş duvarlar arasında ve arka duvardaki altın yaldız çerçeveli aynaya çapraz yansıyan döşeme üzerinde tek başıma saatler geçirirdim.

Bacaklarım yorulmuş, artık ne olursa olsun gidip yatağıma uzanmaya karar vermiştim ki giderken ahbabıma selam versem mi vermesem mi diye duraksadım. Ama selam vermeden gitmeye korkaklığım, sesimi yükseltip selam vermeye de bitkinliğim mani oluyordu. Bu yüzden olduğum yerde kaldım; ay ışığı vuran evlerin duvarlarından birine yaslandım ve beklemeye başladım.

Ahbabım sevinçli adımlarla bana doğru yaklaştı, ama biraz da endişeli bir hali vardı. Büyük bir hazırlık yapmıştı; gözlerini kırptı, kollarını yatay biçimde havaya uzattı, üzerinde sert bir siyah şapka bulunan başını uzatarak hiddetle gerdi, bana doğru kaldırdı; bütün bu hareketlerle sanki şakadan anladığını, neşesini bana borçlu olduğunu göstermek istiyormuş gibi bir hâli vardı.

Çaresizdim ve sessizce "Keyifli bir akşam!" dedim. Beklenen sonucu vermeyen bir gülüş belirdi yüzünde. "Evet," dedi. "Şu holde beni öpen hizmetçi konusunda düşüncenizi soracaktım, o kadar. Kimin nesi bu kız? Onu daha önce bir yerde gördünüz mü? Hayır mı? Ben de öyle. Hani gerçekten bir hizmetçi mi acaba? Önümüz sıra merdivenlerden iniyordu ya, daha o zaman size sormak istemiştim."

"Bir hizmetçi, üstelik birinci sınıf bir şey olmadığını, kızarmış ellerini görür görmez anlamıştım; bahşişi avucuna tutuşturunca da cildinin sert olduğunu hissettim," dedim.

"Ama cildinin sertliği kızın epeydir bu meslekte çalıştığını gösterir ki buna benim de bir diyeceğim yok."

"Belki haklısınız. O ışıkta her şey seçilebilecek gibi değildi, ama yüzü tanıdığım yaşlıca bir subay kızını anımsatır gibi oldu bana."

"Bende böyle bir izlenim uyanmadı," dedi ahbabım.

"Vakit geç oldu, yarın sabah dairede bulunmam gerekiyor; dairede uyunmaz da," diyerek vedalaşmak için elimi uzattım.

"Ne soğuk el!" diye yükseltti sesini. "Böyle bir elle eve gitmek istemezdim. Siz de kendinizi öptürmeliydiniz azizim, bu bir kayıp. Böyle bir gecede uyumak! Düşünsenize bir, insan tek başına yattı mı, nice mutlu düşünceler boğulup gider yorganın altında ve nice mutsuz düşler yorgan altında pişirilip kotarılır."

"Ne boğup attığım ne pişirip kotardığım bir şey var benim," dedim.

Sevincinden ceketimin göğüs kısmından sıkıca tutarak –daha yukarıya uzanamıyordu- neşeyle beni sarsmaya başladı; gözlerini kapatıp içtenlikle "Ne kadar komik olduğunuzun farkında değilsiniz," dedi. Ardından yürümeye devam etti, ben de farkında olmaksızın peşinden gittim; çünkü söylediği laflar kafamı kurcalıyordu. Önce sevinmiştim, zira ahbabımın bende belli bir şeyin varlığını tahmin ettiğini sezer gibi olmuştum. O tahmin ettiği şey, her ne kadar bende olmasa da ahbabımın var sanması beni onun gözünde saygın bir konuma yükseltiyordu. Halimden hoşnuttum ve ahbabım bana başkaları önünde değer veren birinden çok daha kıymetli birisi olup çıkmıştı, hem de kendisi istemeden. Onu şöyle bir süzdüm şefkatle. Tehlikelere, özellikle rakiplerine ve kıskanç erkeklere karşı koruyordum onu düşüncelerimde. Yüzünü sempatik buluyor, fahişelerin yanında şansı yaver gittiği için gurur duyuyor, bu akşam iki kadından aldığı öpücükten ben de payıma düşeni alıyordum. Ah, ne eğlenceli bir akşamdı! Yarın Bayan Anna'yla konuşacak ahbabım; önce sıradan şeylerden bahsedecek doğal olarak, sonra birden içinden geçeni söyleyecek: "Dün gece, Anna'cığım, öyle bir adamla beraberdim ki inan ömründe onun gibi birisine rastlamamışsındır. Öyle bir adam ki -nasıl anlatayım- sağa sola sallanan bir sırık gibi, tepede de kara kıllı bir kafa... Bedeninde göze batan bir sürü küçük sarımtırak kumaş parçacığı asılıydı ve bunlar bedenini tümüyle örtüyordu; çünkü dün geceki esintisiz havada hiç oynamadan dümdüz duruyordu hepsi. O çekingen yürüyüşünü görecektin! Sevdalı hâlimi sezip -ki bunu anlamak işten değildi- beni böyle bir durumda rahatsız etmemek için epey bir yolu önüm sıra tek başına yürüyüşünü bir görecektin! Sanırım, Anna'cığım, biraz güler, biraz da korkardın, ama senin aşkından dolayı yüreği parçalanmış ben, onun yanımda olmasına sevinmiştim. Çünkü sen neredeydin Anna'cığım? Yatağında ve senin yatağından daha uzakta değildi Afrika. Belki de mutsuz ve bu yüzden susuyordu, ama insan onun yanındayken hiç bitmeyen mutlu bir huzursuzluğun içindeymiş gibi hissediyor. Yassı göğsüyle soludu mu, yıldızlı bir göğün inip kalktığını görür gibi oluyordum. Sanıyorsun ki abartıyorum. Hayır, Anna'cığım, ruhum üzerine yemin ederim ki hayır!"

Küçük adımlarla yürüyerek Franzens rıhtımına vardığımızda, ahbabımın aldığı öpücükleri kıskansam da içimde neşeyle karışık bir utanç da duymuştum; ona göründüğüm hâlimle, bana karşı iyi duygular beslemesi gereken bir utançtı bu. O an düşüncelerim birbirine karışıyordu, çünkü Moldau Nehri ve öteki ufuktaki semtler karanlığın içinde kalmıştı. İleride sadece birkaç ışık yanıyor, kendilerinden tarafa bakan gözlerle oynuyordu.

Nehre ulaştık ve korkuluğun yanında durduk. Nehirden soğuk bir esinti geldiğinden eldivenlerimi geçirdim elime. Gece nehrin başında dikilince, genelde yapıldığı gibi nedensizce iç çektim ve daha ileriye gitmek istedim. Ne var ki ahbabım suya bakıyor, hiç yerinden kımıldamıyordu. Derken biraz daha yaklaştı korkuluğa, ayaklarını demir çubuklara dayadı, dirseklerini korkuluğa yaslayıp alnını ellerine gömdü. Bu hareketi pek budalaca göründü gözüme. Soğuktan donmuştum, paltomun yakasını yukarı kaldırdım. Ahbabım birden gerindi ve gergin kolları üzerinde dinlenen vücudunun üst kısmı korkuluktan dışarı taştı. Esneyişimi bastırmak için utana sıkıla telaşla konuşmaya başladım: "Ne tuhaf, hatıralara dalıp gitmemize sadece gecenin gücü yetiyor, öyle değil mi? Şimdi mesela, şunu hatırlıyorum: Bir akşam nehrin kıyısındaki bir bankta iki büklüm vaziyette oturmuştum. Bacaklarımı karnıma çekip onları ellerimle sarmıştım. Başımı bankın tahta arkalığına yaslamıştım. Diğer kıyının ucundaki bulutlu dağları görüyor, birinin sahildeki otelde çaldığı dokunaklı keman sesini duyuyordum. Her iki kıyıdan, ara sıra ışıl ışıl dumanlarla yerde sürüklenir gibi trenler geçiyordu." İşte böyle konuştum ve çırpınarak, sözlerin ardında tuhaf durumlar barındıran aşk hikâyeleri aramaya koyuldum. Ama daha sözümü yeni bitirmiştim ki ahbabım hâlâ orada olduğumu umursamadan –bana öyle gelmişti- şaşırmış bir halde bana döndü: "Görüyorsunuz ya, hep böyle olur. Bu geceki toplantıdan önce küçük bir gezinti yapacaktım, oturduğum evin merdivenlerinden aşağı inerken ellerimin beyaz manşetler içinde nasıl sağa sola sallandığını görerek şaşmaktan kendimi alamadım. Nasıl da şen şakrak oynuyorlardı! O an hemen bir macera beklentisi içine girdim. Öyle de oldu." Bu sözleri söylerken yürümeye başlamıştı, bu arada göz ucuyla bana bakıyordu.

Demek işi buraya kadar vardırmıştı. Bana böyle şeyler anlatmaktan çekinmeyecek, bir yandan da gülümseyip göz ucuyla beni süzecekti. Bense kolumu omuzlarına koyup, bana hiç ihtiyacı olmayışını ödüllendirmeye kalkarak gözlerinin içini öpmeyeyim diye kendimi tutacaktım. Ama en kötüsü, bunun da artık zararı dokunamazdı bana, çünkü hiçbir şeyi değiştiremezdi. Değil mi ki gitmem, hemen şimdi mutlaka gitmem gerekiyordu. Biraz daha ahbabımın yanında kalabilmek için tez elden bir çare aranıyordum ki aklıma geldi: Uzun boylu olmamın belki hoşuna gitmeyebileceğini düşünmek bana çok dokunmuş, içimi sızlatmıştı; çünkü yanımda pek ufak tefek görünüyordu. Bu durum canımı epey sıktı, gece olmasına ve kimseye rastlamamamıza rağmen sırtımı öyle kamburlaştırmıştım ki ellerim, yürürken dizlerime değiyordu. Ama ahbabım niyetimi fark etmesin diye duruşumu yavaş yavaş ve dikkatle değiştiriyor, dikkatini üzerimden başka tarafa çekmeye çalışıyordum. Hatta onu bir ara ırmaktan yana döndürdüm, elimi uzatıp Schützeninsel'in[*] ağaçlarını ve köprünün nehre yansıyan lambalarını gösterdim. Ama ahbabım, birden dönüp bana baktı ve hiç beklemediğim bir tavırla: "Niye öyle yürüyorsunuz ki? İki büklüm olmuşsunuz! Neredeyse benim gibi küçücük kalmışsınız!" dedi.

Bunu iyi niyetle söylediği için cevap verdim: "Olsun, böyle durmak hoşuma gidiyor. Görüyorsunuz ya, biraz çelimsizim ve vücudumu dik tutmak bana çok zor geliyor."

"Bırakın bu saçmalıkları! Sanırım biraz önce dimdik yürüyordunuz ve bir topluluk içindeyken dik durmayı da oldukça iyi beceriyorsunuz. Hatta dans bile ediyorsunuz, yoksa etmiyor musunuz? Hayır mı? Ama dimdik yürüyorsunuz ve bunu şimdi de yapabilirsiniz!" diye karşılık verdi biraz kuşkuyla. Sabırla cevap verdim: "Evet, dik yürüyordum. Fakat beni küçümsemeyin; nazik davranış nedir bilirim, bunun için kambur yürüyorum."

Ama bu ona kolay görünmüyordu; mutluluktan kafası karışmış bir hâldeydi, sözlerimin bağlamını anlamamıştı. "Pekâlâ, nasıl isterseniz," değirmen kulesinin saatine bakıp "saat ikiye çeyrek var," dedi.

Birden, saçlarımdan tutup yukarıya çekmişler gibi

---

[*] Prag'daki Moldau Nehri'nde bulunan küçük bir adacık.

doğruldum, içimdeki heyecan çıkıp gitsin diye bir an açık tuttum ağzımı. Onu anlıyordum, beni başından savmak istiyordu. Yanında bana bir yer yokmuş, hani varsa da bulunur gibi değilmiş. Amma da taş kalpli bir insan! Benim alçakgönüllü sözlerim karşısındaki umursamazlığı nasıl da aşikâr! İşte mutluluk ve mutluların hali! Etrafında olup biten her şeyi doğal karşılıyor. Her şey onların mutluluğunun etrafında dönüyor. Şimdi suya atlasam ya da şu kaldırımda onun gözlerinin önünde kaslarım yırtılsa, yine de onun mutluluğuna soğukkanlı bir şekilde ortak olmam gerekiyor. Hatta keyfi yerindeyse –mutlu birisi çok tehlikelidir, buna hiç şüphe yok- beni bir sokak katili gibi döve döve öldürebilir de… Bu kesin ve ben de ödlek olduğum için korkudan bağırmayı bile göze alamazdım. İşe bak Allah aşkına! İçimi bir korku sarmıştı.

"Söylediklerinize karnım tok," dedim ve gerçeğe uygundu böyle söylemek.

"Hele şükür doğrulabildiniz. Ben yalnızca ikiye çeyrek var, dedim o kadar."

"Peki, peki!" diye cevapladım, iki parmağımın tırnaklarını takırdayan dişlerimin aralarındaki boşluklara soktum. "Bana söylediklerinize karnım toktu, nerde kaldı şimdi bir açıklamanıza ihtiyaç duyayım. Anlayacağınız, merhametinizden başkası gerekli değil bana. N'olur, sözlerinizi geri alın!"

"İkiye çeyrek olduğunu mu? Hay hay, saat ikiye çeyrek kalayı da geçti zaten." Sağ kolunu kaldırıp elini çırptı ve manşet zincirinin kastanyet sesine kulak kabarttı. Artık besbelli cinayetteydi sıra. Şimdi cebinde sapından kavradığı bıçağı ceketi boyunca yukarı kaldırıp bana yöneltecekti. Bu işin kolaylığına şaşması olasılık dışıydı, ama belki şaşardı, kimbilir. Ben bağırmayacak, dayanabildiğim kadar kendisine bakacaktım yalnızca.

"Eee?" dedi ahbabım.

Uzaktaki siyah camlı bir kahvenin önünde polis memurunun biri, kayakçı gibi kaldırımlar üzerinde kayıp gidiyordu. Eğri kılıcı biraz zorlaştırıyordu kaymasını, o da kılıcı eline aldı ve daha güzel kaymaya başladı. Derken biraz uzaktan hafif sevinç çığlıkları attığını duydum; o an ahbabım beni öldürmek istese, bu polis memurunun beni kurtarmayacağından adım gibi emindim.

Artık ne yapmam gerektiğini gayet iyi biliyordum; çünkü korkunç olaylar başıma gelmeden önce hiç tereddüte kapılmam. Kaçacaktım ve bu da pek kolay olacaktı. Az sonra o, sola, Karl Köprüsü'ne kıvrılırken ben sağdaki Karl Sokağı'na atacaktım kendimi. Sokak eğri büğrüydü; orada karanlık ev kapıları ve hâlâ açık meyhaneler vardı. Umutsuzluğa kapılmamalıydım.

Kemerli kapıdan geçip rıhtımın ucundan çıkar çıkmaz, kollarımı kaldırarak sokağa daldım. Ama tam kilisenin küçük kapısına gelince tökezleyip düştüm; çünkü görmediğim bir basamak çıkmıştı karşıma. Biraz gürültü oldu. En yakın fener epey uzaktaydı; karanlıkta kalakalmıştım. Şişmanca bir kadın, ne olup bittiğini anlamak için elinde isli bir lambayla karşı meyhaneden dışarıya çıktı. İçerden gelen piyanonun sesi susmuştu; o sırada adamın biri meyhanenin yarı açık kapısını ardına kadar açtı. Sonra bir tükürük fırlattı basamağa ve şıllığın göğüslerini ellerken dışarıda önemli bir şey olmadığını söyledi. Bunun üzerine dönüp yine meyhaneye girdiler ve kapı tekrar kapandı.

Bir ara kalkmaya çalıştım ama yine yuvarlandım. "Yerler de cam gibi kayıyor!" diye söylendim kendi kendime ve dizimde bir sızı hissettim. Ama öte yandan, meyhanedekilerin beni görmediklerine, bu yüzden bulunduğum yerde ortalık ağarana kadar rahat rahat yatıp kalabileceğime seviniyordum.

Ahbabım, anlaşılan benim yanımdan ayrıldığımı fark etmeden köprüye kadar tek başına gitmişti; çünkü ancak bir süre sonra dönüp yanıma geldi. Bana doğru şefkatle eğilip, yumuşacık elleriyle başımı okşadığında, kapıldığı şaşkınlığı fark etmemiştim. Elmacık kemiklerimin üzerinde elini aşağı yukarı gezdirdi ve sonra iki kalın parmağını basık alnıma koydu: "Canınız acıdı, değil mi? Eh, yerler buz, dikkatli olmak gerekir. Başınızda ağrı var mı? Yok mu? Ha, diziniz, öyle mi?" Şarkı söyler bir tonda konuşuyordu; sanki bir hikâye anlatır gibiydi, hem de bir dizin çoktan dinmiş sızısından bahseden çok hoş bir hikâye. Kollarını da oynatıp duruyordu, ama beni tutup kaldırmak aklının ucundan bile geçmiyordu. Başımı sağ elime dayadım, dirseğim kaldırım taşlarından birinin üzerinde duruyordu, unutmayım diye hızlı hızlı konuştum: "Aslında niçin sağ tarafa koştuğumu ben de bilmiyorum. Ama bu kilisenin –adını bilmiyorum, lütfen beni bağışlayın!- kameriyesinin altında koşan bir kedi gördüm. Küçük bir kediydi ve tüyleri parlaktı. Zaten bu yüzden onu fark edebildim. Ah, hayır! Bu değildi, affedersiniz! Ama gün boyu zaten kendimizi kaybetmemek için çabalayıp duruyoruz. Üstelik insan bu çaba için güç toplamak üzere yatıp dinleniyor; ama uyumazsak o zaman sık sık anlamsız şeyler gelir başımıza. Fakat yanımızdakilerin buna şaşırıp da sesli tepki vermeleri kabalık olurdu doğrusu..."

Ahbabımın elleri ceplerindeydi; önce boş köprüye, sonra Kreuzherren Klisesi'ne, ardından da başını kaldırıp mavi gökyüzüne baktı. Nihayet, bitişik sokakların birinden tangur tungur bir araba sesi işitince beni anımsadı: "İyi ama neden konuşmuyorsunuz, azizim? Yoksa kendinizi iyi hissetmiyor musunuz? Neden ayağa kalkmıyorsunuz? Burası oldukça soğuk, üşütebilirsiniz. Hem Laurenzi Tepesi'ne çıkacaktık hani?"

"Haklısınız, bağışlayın!" dedim. Ayağa kalktım ama büyük bir acı duyuyordum. Kalkar kalkmaz bocalamaya başladım ve dengemi koruyabilmek için gözlerimi hiç sağa sola oynatmadan IV. Karl'ın heykeline diktim. Ama ay ışığı sakardı, IV. Karl'ın heykelini de harekete geçirdi. Hayretler içinde kaldım, duyduğum korku yüzünden ayaklarım daha güçlü kuvvetli hale gelmişti; sakin duruşumu korumasam IV. Karl devrilebilirdi. Gösterdiğim çaba daha sonra faydasızmış gibi göründü bana, çünkü IV. Karl devrilmişti; tam o sırada, beyazlara bürünmüş güzel bir kızın bana âşık olacağı geldi aklıma.

Boş işlerle uğraşıyor, çok şeyi savsaklıyordum. Ama o kızın tutkuyla değilse de sadakatle beni sevdiğini düşünmek, ne kadar mutluluk vericiydi! Sonra ayın beni aydınlatması da bir büyük incelikti doğrusu. Alçak gönüllülükten gidip köprü kulesinin kemerinin altına dikilecektim ki ayın herşeyi aydınlatmasından daha doğal bir şey olamaz, diye düşündüm. Bu yüzden mehtabın tadını çıkarmak için sevinçle açtım kollarımı. Sokakların arasından sarhoş bir koşucu gibi yerleri tekmeleye tekmeleye, hoplayarak geçtim; hantal kollarımla yüzme hareketleri yaparak acısız ve zahmetsizce ilerlemek kolaydı benim için. Başım serin havada dinleniyordu, beyaz elbiseli kızın aşkı beni hüzünlü bir sevince boğmuştu; sanki sevgilimin ve onun çevresindeki bulutlu dağların etrafında yüzüyormuş gibiydim. Sonra, belki hâlâ yanımda yürüyen mutlu ahbapla bir zamanlar iyi geçinemediğimi hatırladım. Fil gibi bir hafızamın olması, ıvır zıvır şeyleri bile aklımda tutabilmiş olmam, beni son derece sevindirmişti. Çünkü hafızanın taşıyacağı pek çok yük vardır. Mesela bir keresinde, bütün yıldızları, hiç öğrenmemiş olduğum halde isimleriyle bilmiştim. Hatta akılda tutması zor, tuhaf isimlerdi bunlar, ama ben hepsini biliyordum, hem de tam olarak. İşaret parmağımı yukarıya kaldırıp isimlerini yüksek sesle tek tek söylemiştim. Ne var ki yıldızların isimlerini uzun boylu düşünemezdim; çünkü yüzmeye devam etmek zorundaydım ve bu kadar dibe dalmak istemiyordum. Ama ilerde bana, kaldırım üzerinde herkes yüzer, bu söz konusu bile olamaz demelerini istemediğim için, hızla köprü korkuluğunun hizasına yükseldim ve yüze yüze, karşılaştığım her aziz heykelinin etrafında dolanmaya başladım. Beşinci heykele gelince -tam o anda belli belirsiz kulaçlar atarak kendimi kaldırım üzerinde tutuyordum- ahbabım elimden yakaladı beni. Birden yine kaldırımda dikilmeye başladım ve dizimde bir sızı hissettim. Yıldızların adını çoktan unutmuştum ve o sevimli kızdan aklımda kalan tek şey, üzerinde beyaz bir elbise olduğuydu. Ayrıca o kızın aşkına hangi gerekçelerle inandığımı da bir türlü hatırlayamadım. O an hafızama karşı büyük ve haklı bir öfke yükseldi içimde, kızı kaybedeceğimi düşünerek korkuya kapıldım. Bunun üzerine kendimi zorlayıp 'beyaz elbise, beyaz elbise' diye durmadan tekrarlamaya başladım içimden; böylece en azından bu işaret sayesinde kızı aklımda tutabilecektim. Ama bu hiçbir bir işe yaramadı.

Ahbabım giderek sözleriyle beni daha fazla sıkboğaz ediyordu; sözlerini yeni yeni idrak etmeye başlamıştım ki beyaz bir ışıltının köprü parmaklıkları boyunca nazikçe sektiğini gördüm, köprünün kulesini yalayarak karanlık sokağın içine doğru sıçrayıp gitmişti.

"Her zaman", dedi ahbabım, bir eliyle elimi tutup diğeriyle Azize Ludmilla'nın heykelini göstererek. "Her zaman şu soldaki meleğin ellerine hayranlık duymuşumdur. Bakın, zarafeti sınırsız ve parmakları nasıl da gerilmiş, titriyor! Ama bu akşamdan itibaren sıradanlaştı bu eller benim için; bunu size rahatlıkla söyleyebilirim, çünkü bu akşam o elleri öptüm ben."

Benim için şimdi bir üçüncü yok olma olasılığı daha belirmişti: Kendimi bıçaklatmayacak ya da kaçmayacaktım; kendimi yalnız havaya atarak yapacaktım bunu. Ahbabım buyursun, Laurenzi Tepesi'ne gitsindi; kendisini rahatsız etmeyecek, kaçışımla olsun rahatsız etmeyecektim. Ve derken haykırdım: "Haydi açsanıza torbanın ağzını! Artık parça parça dinlemek istemiyorum. Bana her şeyi anlatın, sona dek; yoksa dinlemem, söyleyeyim size. Ama bütününü dinlemek için can atıyorum."

Bana baktığını görünce, bağırmayı bıraktım. "Hem ağzımın sıkılığına da güvenebilirsiniz! İçinizde ne var ne yok, anlatın bana hepsini. Benim gibi bir dinleyiciyle karşılaşmamışsınızdır." Sonra, ağzımı kulağına yaklaştırıp usulcacık: "Ve benden de korkmayın hani!" diye sürdürdüm konuşmamı. "Buna gerçekten hiç gerek yok." Onun hâlâ güldüğünü işitiyordum.

"Evet, evet! İnanıyorum bu söylediklerinize. Hiç şüphem yok!" dedim ve parmaklarımı elinden kurtarır kurtarmaz baldırlarına bir çimdik attım. Ama o hissetmedi bile. Bunun üzerine "Ne diye gidersin bu adamla sanki?" dedim kendi kendime. "Onu sevmiyorsun, nefret de etmiyorsun, çünkü bütün mutluluğu bir kıza bağlı ve o kızın sağlam ayakkabı olduğu da belli değil. Yani bu adamın varlığıyla yokluğu senin için bir; tekrar ediyorum, varlığıyla yokluğu bir... Ama anlaşıldığı kadarıyla tehlikeli biri de sayılamaz. Yani ahbabınla yürümeye devam et, git Laurenzi Tepesi'ne, çünkü bu güzel gecede bir kez yola düşmüşsün; git, fakat konuştur onu ve kendince eğlenmene bak! Böylelikle -kimse duymasın- kendini de en iyi şekilde korumuş olursun."

II
Zevküsafa Ya Da Yaşama Olanaksızlığının Kanıtı

1
At üzerinde

Görülmemiş bir hünerle, şöyle bir yaylanıp ahbabımın omuzlarına sıçradım ve yumruklarımla sırtına vurarak onu hafifçe tırısa kaldırdım. Biraz isteksiz halde yeri tekmelediğinde, hatta ara sıra olduğu yerde durduğunda, onu hareketlendirmek için çoğu kez çizmelerimle karnına tekmeler savurdum. Böyle davranarak istediğim sonucu elde ettim, bir solukta geniş ama henüz gelişmemiş ilkel bir yerleşim alanından içeri girdik. Akşam çökmüştü.

Üzerinde at koşturduğum yol taşlı ve oldukça dikti; ama tam da böyle oluşu hoşuma gitmişti, yolu tutup daha da taşlı ve dik hâle soktum. Bu arada, ata binerek neşeyle yaptığım bu akşam gezintisinin sağlığıma ne kadar yararlı olduğunu hissettim ve ahbabımı iyice çileden çıkarmak için karşıdan bize doğru, uzun süreli darbelerle bir rüzgâr estirdim.

Sonra ahbabımın geniş omuzları üstünde sıçrayışlarımı aşırılığa vardırdım; iki elimle ahbabımın boynuna sımsıkı tutunmuş dururken, başımı mümkün olduğunca geriye attım, benden daha hafif olmalarına rağmen rüzgârda hantal hantal sağa sola devinen bulutları seyrettim. Güldüm ve cesaretimden dolayı titrer oldum. Ceketim açıldı ve rüzgâr bana güç bahşetti. Bu arada ellerimi sımsıkı birbirine kenetlemiş haldeydim, farkında olmadan neredeyse ahbabımı boğuyordum. Ancak, benim yol kenarında yetiştirdiğim ağaçların dallarıyla gökyüzü yavaş yavaş örtülüp görünmez olunca, aklım başıma geldi.

Atın üstünde coşkulu bir hareket yaparak haykırdım: "Bilmiyorum! Gerçekten bilmiyorum. Kimse gelmezse kimse gelmesin o zaman. Kimseye bir kötülükte bulunmadım, kimse de bana kötülükte bulunmadı, ama kimse bana yardım etmek istemiyor. Bitip tükenmeyen kimseler! Ama öyle de değil pek. Bana kimsenin yardım elini uzatmayışı fena ancak, yoksa bu hiç kimseler güzel; böyle bir hiç kimseler topluluğuyla bir gezinti yapmayı –ne düşünürsün– ne kadar isterdim. Elbet dağlara doğru, başka nereye? Bu hiç kimseler nasıl da birbirine sokulurdu; bir sürü çapraz, uzanmış ya da iç içe girmiş kol, birbirinden küçücük adımlarla ayrılan bir sürü ayak. Tabii hepsi de fraklı. Şöyle böyle yürüyüp gidiyoruz. Gövdelerimizin ve kollarımızla bacaklarımızın arasından bir rüzgâr esiyor. Dağda boyunlarımız özgürlüğe kavuşur. Bir türkü çağırmayışımız şaşılacak şey!"

Bu sırada ahbabım yere düştü; baktım, dizinden ağır yaralanmış. Artık bana bir faydası dokunamayacağından, onu orada taşlar üzerinde bıraktım. Sonra ıslığımla birkaç akbaba çağırdım aşağıya; akbabalar söz dinleyerek geldiler, kendisine göz kulak olmak için sert gagalarıyla benim ahbabın üzerine kondular.

2
Gezinti

Hiç istifimi bozmadan yürümeye devam ettim. Ama bir yaya olarak tümsekli yolun zahmetinden korktuğum için giderek yolu düzledim ve sonunda ilerideki bir ovaya doğru alçalttım.

Taşlar dilediğim gibi kayıplara karıştı, rüzgâr dindi ve akşamın içinde kaybolup gitti. Oldukça iyi bir tempoyla ilerliyordum ve yokuş aşağı indiğimden, başımı kaldırıp vücudumu dikleştirmiş, ellerimi ensemde kenetlemiştim. Çam ormanlarını sevdiğim için hep bu ormanların içinden geçiyordum. Sessizce ve zevkle yıldızlara baktığım için gökyüzünde her zamanki gibi yavaş yavaş yıldızlar doğuyordu. Fakat ince uzun bir iki bulut gözüme ilişti; onları da yalnız kendi bulundukları yükseklikte esen rüzgâr, yayalar için şaşırtmaca olsun diye önüne katmış götürüyordu.

Yolumun karşısına düşen epey uzak bir noktaya, -bir ırmak bizi ayırabilirdi- kocaman bir dağ oturttum; fundalıklarla örtülü doruğu göğe uzanıyordu. En tepedeki küçücük dalları ve bunların hareketlerini bile açık seçik görebiliyordum. Ne kadar alelade olursa olsun, bu manzara beni öyle sevindirdi ki uzaktaki dağınık çalıların dallarında minik bir kuş gibi sallanırken, o anda çoktan dağın gerisinde bekleyen ve belki de gecikmeden ötürü kızan ayı doğdurmak geçti aklımdan. Ve çok geçmeden ayın doğacağını müjdeleyen serin parıltı dağın üstünde açılıp yayıldı ve birden ayın kendisi tedirgin bir çalının arkasından yükselmeye başladı. Bense bu sırada başka bir yöne bakıyordum, başımı yine önüme çevirip de ayın tüm yuvarlağıyla birden karşımda parıldadığını görür görmez yaşlı gözlerle olduğum yerde kalakaldım; çünkü yokuş aşağı inen yolum tam da beni bu ürkütücü aya doğru götürüyormuş gibiydi.

Ama bir süre sonra aya alıştım ve onun ne zahmetlerle gökyüzünde yükseldiğini dalgın dalgın seyrettim. Birbirimize doğru epey yürüdük; o sırada, elbette hatırlayamadığım ama sanırım günün yorgunluğu yüzünden tatlı bir uyku hali çöktü üzerime. Kısa bir süre yumuk gözlerle yürüdüm; kendimi ancak ellerimi gürültüyle ve düzenli bir şekilde birbirine vurarak uyanık tutabilmiştim.

Ama yol ayaklarımın altından kaymaya ve her şey benim gibi yorgun hâlde gözden silinmeye başlayınca, geceyi geçirmeye niyetlendiğim ilerdeki dağınık çam ormanına zamanında ulaşmak için, yolun sağındaki yamacı aceleyle tırmanmaya koyuldum. Acele etmek gerekiyordu. Yıldızlar çoktan kararmaya başlamış, ay da sanki çalkantılı bir suya gömülür gibi gökte batıyordu. Dağ çoktan karanlıkta kaybolmuştu. Yol ise benim yamaca yöneldiğim yerde gözdağı verircesine son bulmuştu. Ormanda devrilen ağaçların giderek yaklaşan çatırtılarını işitiyordum. Aslında uyumak için hemen yosunların üzerine atabilirdim kendimi, ama ormandaki karıncalardan çekindiğimden -ağacın gövdesine yılan gibi doladığım bacaklarımla- bir ağacın üzerine tırmandım, ağaç rüzgâr yokken sallanmaya başlamıştı. Bir dalın üzerine yatıp başımı ağacın gövdesine dayadım ve hemen uykuya daldım, o sırada kendi keyfime göre yarattığım bir sincap dimdik kuyruğuyla dalın titreyen ucunda tünemiş sallanıyordu.

Düşsüz, kendimden geçerek uyudum. Ne ayın batışı ne güneşin doğuşu uyandırmadı beni. Uyanacak gibi oldumsa da: "Dün bütün gün az zahmet çekmedim, ne haram edersin uykunu," deyip kendimi yatıştırdım ve yeniden uyumaya baktım. Hani düş görmemiştim ama uykumun yine de sürekli olarak hafiften sekteye uğratılmadığı söylenemezdi. Bütün gece birinin yanıbaşımda konuştuğunu işitmiştim. "Irmak kıyısında bir bank", "bulutlu tepeler", "ışıl ışıl dumanlı trenler" gibi tek tek sözler dışında konuşulanları işitmemiş, ancak bunların vurgulandıklarını duymuştum. Ve anımsıyorum, uyuyor oluşumdan teker teker söylenilenleri anlayamadığıma sevinmiş, daha uyurken sevincimden ellerimi ovuşturmuştum.

"Tekdüze bir yaşamın vardı," dedim, kendimi buna inandırmak için bağırarak. "Başka bir yerlere götürülmen inan ki gerekliydi, işte şimdi memnun kalabilirsin, neşeli bir yer burası. Güneş de çıkıyor." Derken güneş çıktı, yağmur bulutları mavi gökte ak ak olup inceldi ve giderek ufaldı; ışıldıyor ve şaha kalkıyorlardı. Baktım, ovada bir ırmak. "Evet, tekdüzeydi, dolayısıyla bu eğlenmeyi haketti n sen," diye sürdürdüm konuşmamı, sanki buna zorlanmış. "Ama tehlikeye de düşmüş değil miydi?" O anda birinin burnumun ucunda içini çektiğini işittim. Çabucak ağaçtan sıyrılıp inmeye davrandım, ama dal da tıpkı elim

29

gibi titrediği için korkudan kaskatı düştüm yere. Ayaklarım toprağa pek hızlı vurmadı ve hiçbir yerimde ağrı sızı duymadım; ama kendimi öylesine güçsüz, mutsuz hissediyordum ki, dünyanın nesnelerini çevremde görme çabasına kazanamadığımdan yüzümü ormanın zeminine gördüm. Her devinim ve düşünmede bir zorlamanın varlığına, dolayısıyla bunlardan sakınmanın gerektiğine kuşkum yoktu; oysa yapılacak en doğal şey, kollar vücuda yapışık, yüz saklı, otlar içinde yatmaktı. Ve o sırada zaten bu pek doğal durumda bulunduğundan sevinmesi için kendi kendimi uyardım; hani başka vakit böyle bir duruma gelebilmek bir sürü zahmetli kasılmalara, bir sürü yürümelere, konuşmalara mal olacaktı.

Nehir oldukça büyüktü, küçük ama gürültülü dalgaları ışıl ışıl parlıyordu. Nehrin diğer ucunda da çayırlar vardı, ta fundalıklara kadar uzanıyordu; onun ardında ise -geniş bir açıdan bakınca- yeşil tepelere çıkan, her iki yanı meyve ağaçlarıyla dolu, ince bir patika gözüküyordu. Bu manzaradan mest olmuş hâlde yere uzandım; başlamasından korkulan bir ağıda kulaklarımı tıkarken "Burada seve seve yaşayabilirdim," diye düşündüm. "Çünkü burası ıssız ve güzel bir yer... Burada yaşamak için fazla gözü kara olmaya da gerek yok. İnsan başka yerde olduğu gibi burada da acı çeker, ama güzel devinme zorunluluğu yoktur. Böyle bir şey gerekmez hiç, çünkü burada sadece dağlar ve kocaman bir ırmak var; bense, onlara cansız gözüyle bakacak kadar zekiyim yeterince. Evet, akşamüstü tek başıma çayır çimenli bayır yollarda tökezlersem, bir dağ gibi öksüz kalmayacağım; öksüzlüğümü hissedeceğim sadece. Ama sanırım, bu da geçecektir." Böylece gelecekteki yaşamımla oyun oynuyor, inatla unutmaya çalı-

şıyordum. Bu arada gözlerimi kırpıştırarak sıradışı ümit
vaat eden bir renge boyanmış gökyüzüne bakıyordum.
Hayli zamandır gökyüzünü böyle görmemiştim; birden
duygulandım. Onu yine böyle görür gibi olduğum günleri
hatırladım. Kulaklarımdan ellerimi çekip kollarımı açtım,
ardından da onları otların içine bıraktım.

Uzakta birinin belli belirsiz iç çekişini duydum. Sonra
bir rüzgâr çıktı ve daha önce farketmediğim kuru yap-
raklar, büyük yığınlar oluşturarak hışırtıyla havada uçuş-
maya başladılar. Ağaçlardan düşen olgunlaşmamış mey-
veler çılgınca yeri dövüyorlardı. Bir dağın arkasından
çirkin bulutlar çıktı ortaya. Irmağın çağlayan akıntıları
rüzgârdan dolayı geri çekilmeye başladı.

Bir çırpıda ayağa kalktım. Yüreğime bir sızı saplandı,
çünkü acılarımdan kurtulmam mümkün görünmüyordu
artık. Tam bulunduğum yeri terk edip eski hayatıma geri
dönmek için arkama dönecektim ki aklıma bir fikir geldi:
"Ne tuhaf, hâlâ zamanımızda kibar kişiler bu yöntemle
nehrin karşı yakasına geçiriliyor. Eski bir âdet işte, bu-
nun başka bir açıklaması yok." Başımı salladım, çünkü
şaşırmış bir hâldeydim.

3
Şişko

Manzaraya Söylev

Karşı kıyıdaki çalılıkların içinden anadan üryan, iri
yarı dört adam çıktı; omuzlarında tahta bir tahtırevan ta-
şıyorlardı. Tahtırevan üzerinde, şarklı duruşuyla dev gibi
şişman bir adam oturuyordu. Çalıların arasından, açılma-

mış bir yoldan götürülüyordu; dikenli dalları eliyle tutup aralamak yerine, hiç kımıldamayan gövdesiyle bunları sakince yarıp geçiyordu. Vücudunun kıvrımlı yağ kütlesi sağa sola öyle itinayla yayılmıştı ki tahtırevanın üzerini tamamen örtüyor, sarımtırak bir halının uçları gibi yanlardan sarkıyordu, ama buna rağmen rahatsız etmiyordu kendisini. Dazlak kafası küçüktü ve sarı sarı parlıyordu. Derin derin düşünen ve bunu saklamak zahmetine girmeyen bir kimsenin doğal ifadesi vurmuştu yüzüne. Arada gözlerini yumuyor, sonra tekrar açıyor ve her açışında çenesini eğip büküyordu.

"Manzara düşünürken rahatsız ediyor beni," diye söylendi usulca. "Hırçın bir akıntıya karşı zincirden köprüler gibi, düşüncelerimi dalgalandırıyor. Güzel bir manzara ve sırf güzel olduğu için seyredilmek istiyor."

"Gözlerimi kapatıp diyorum ki: Ey ırmak kıyısında yükselip suya taşları yuvarlanan yeşil dağ, sen güzelsin!"

"Ama dağ bundan memnun değil, istiyor ki gözlerimi açıp bakayım ona."

"Fakat gözlerimi kapatarak desem ki: Dağ seni sevmiyorum, çünkü sen bana bulutları, akşam kızıllığını ve şu yükselen gök kubbeyi hatırlatıyorsun ve işte bunlar da beni âdeta ağlamaklı yapan şeyler; çünkü küçücük bir tahtırevanda taşındı mı, bunlara dünyada ulaşamaz insan. Ama bana bunları göstermekle, seni kalleş dağ, erişebileceklerimi güzel bir resim gibi karşıma çıkararak içimi şenlendiren uzakların manzarasını perdeliyorsun! İşte bu yüzden sevmiyorum seni; su kıyısında yükselen dağ, hayır, seni sevmiyorum!"

Ama açık gözlerle konuşmazsam, önceki gibi bu konuşmamı da umursamayacak dağ. Mutlaka açık gözlerle konuşmak gerek, yoksa memnun olmuyor. Oysa dağın bizlere hep dost kalmasını sağlamamız ve bunu da bunu da salt onu, beynimizin lapasına böyle dengesiz bir düşkünlük gösteren onu, sırf ayakta tutalım diye yapmamız gerekmez mi. Yoksa çatallı gölgelerini üzerime çökertecek; sağır, korkunç ve çıplak duvarlarını önüme sürecek ve taşıyıcılarım da yol kenarlarındaki minik taşlara toslayıp tökezleyecektir.

Ama işte kendini bu kadar beğenen, bu kadar usandırıcı ve bu kadar kindar olan dağ değil sadece, başka ne varsa öyledir. Dolayısıyla, gözlerimi iyice açarak -ah, ne ağrıyorlar!- sürekli tekrar etmem gerekiyor:

Evet dağ, sen güzelsin ve batı yamacındaki ormanlar da beni sevindiriyor doğrusu. Senden de memnunum ey çiçek, pembe rengin gönlümü şenlendiriyor. Ve sen, ot, çayırlarda boy atmış bulunuyorsun artık, güçlüsün ve serinlik veriyorsun. Sana gelince garip fundalık, öyle ummadık bir zamanda batırıyorsun ki dikenlerini, aklımız başımızdan gidiyor. Ama sen, ey ırmak, öyle hoşuma gidiyorsun ki nazlı sularında sana taşıtacağım kendimi."

Bu övgüyü şişko on kez yüksek sesle tekrar edip arada birkaç kez belini bükerek başını önüne eğdi ve gözlerini yumarak dedi ki:

"Ama şimdi -size yalvarıyorum- dağ, çiçek, ot, çalılık ve ırmak; bana biraz yer bırakın da soluk alabileyim!"

Bunun üzerine çevredeki dağlarda süratli bir itiş kakış meydana geldi ve dağlar havada asılı sislerin ardına sürüklendi. Gerçi ağaçlıklı yollar, yerlerinden kımıldamadı ve genişlikleri değişmedi; ama vaktinden önce bir belirsizliğin içerisine gömüldüler. Gökte, güneşe karşı, kenarları hafifçe parlayan aydınlık, nemli bir bulut duruyordu; bulutun gölgesinde arazi daha da alçaldı ve bütün nesneler o sevimli kenar çizgilerini yitirdiler.

Hizmetkârların ayak sesleri, bulunduğum kıyıdan bile işitilebiliyor, ama yüzlerinin karanlık şekli içinde hiçbir şeyi tam olarak seçemiyordum. Başlarını yana nasıl eğdiklerini, bellerini nasıl büktüklerini görüyordum yalnızca; çünkü olağanüstü bir yük vardı sırtlarında. Onlar için endişeleniyordum, yorulup bitkin düştüklerini fark etmiştim çünkü. Bu yüzden, kıyıdaki otların içine daldıklarını görünce, kendilerini merakla izlemeye başladım. Derken, henüz düzgün adımlarla, ıslak kumlara bata çıka yürümeye başladılar ve sonunda balçıklı sazlığa gömüldüler, arkadaki hizmetkârlar tahtırevanı dengede tutabilmek için kamburlarını daha da çıkardılar. Ben, ellerimi birbirine kenetledim. Artık hizmetkârların her adımda bir ayaklarını yukarıya kaldırmaları gerekiyordu; öyle ki vücutları bu değişken öğle sonrasının serin havasında terden ışıl ışıl parlıyordu.

Şişko, elleri kalçalarında, sessiz sedasız oturuyordu. Sazların uzun uçları, öndeki hizmetkârlar geçerken yay gibi geriliyor, sonra bu durumlarından kurtularak Şişko'nun orasını burasını sıyırıp geçiyordu.

Suya yaklaştıkça taşıyıcıların hareketleri de düzenini yitiriyordu. Arada bir, dalgalar üzerinde duruyormuş gibi tahtırevanın yalpaladığı görülüyordu. Sazlıktaki küçük su birikintileri, belki derindir diye düşünülerek ya üzerlerinden atlanıp geçiliyor, ya da kenarlarından dolaşılıyordu. Bir ara, yaban ördekleri çığlık çığlığa havalandılar ve dimdik yükselerek gökteki yağmur bulutunun içine girdiler. Sonra kısacık bir an Şişko'nun yüzünü gördüm; bayağı panik halde görünüyordu. Ayağa kalktım, zikzak sıçrayışlarla suyla aramdaki kayalık yamaçtan aşağı koşmaya başladım. Bunun tehlikeli bir iş olduğunu umursamıyor, hizmetkârları artık kendisini taşıyamaz duruma gelince Şişko'nun yardımına yetişmeyi düşünüyordum. Öyle pervasız koşuyordum ki aşağıda nehir başında kendimi tutamayıp etrafa sıçrayan sular arasında bir süre daha koşmayı sürdürdüm; sular ne zaman diz boyuma kadar çıktı o zaman durabildim ancak.

Fakat diğer tarafta hizmetkârlar, vücutlarını bükerek tahtırevanı suya indirmişlerdi. Bir elleriyle kendilerini çalkantılı sular üzerinde tutarken, killi dört kolla tahtırevanı havada tutmaya çalışıyorlardı; o kadar ki olağanüstü şişmiş pazuları görünüyordu.

Sular önce taşıyıcıların çenelerine vuruyordu, derken ağızlarına kadar çıktı; taşıyıcıların başları geriye eğilince tahtırevanın kolları omuzlarına düştü. Sular burunlarının çevresinde dolanıyor, onlar hâlâ uğraşıp didinmekten vazgeçmiyorlardı; oysa daha nehrin ortalarına bile varmamışlardı. Derken başlarına vuran güçsüz bir dalga öndekileri dibe çökertti ve dört adam vahşi elleriyle tahtırevanı da kendileriyle aşağı çekerek sessizce boğulup gittiler. Sular hemen onlardan boşalan yerleri doldurmuştu.

Sonra, büyük bulutun kenarlarından akşam güneşinin yatay ışığı sızıp ufuktaki dağlarla tepeleri aydınlattı. Nehir ve bulutun altında kalan kısımlar bulanık bir pırıltı içindeydi.

Şişko, yavaş yavaş akıntı yönüne döndü ve tıpkı lüzumsuz hale geldiği için suya fırlatılmış tahtadan parlak bir tanrı heykeli gibi, nehirde sürüklenmeye başladı. Yağmur bulutunun yansıması da onu izliyordu. Uzun bulutlar önden çekiyor, küçük ve eğri büğrü bulutlarsa arkadan itiyordu Şişko'yu; bu da anlamlı bir kaynaşmaya yol açıyor, kaynaşma dizlerime ve kıyıdaki taşlara vuran sularla da kendini belli ediyordu.

Yol boyunca Şişko'ya arkadaşlık edebilmek için alelacele bayırı tırmandım, çünkü onu gerçekten seviyordum. Hem belki güvenli görünen bu ülkenin tehlikeleri hakkında kendisinden bir şeyler öğrenebilirdim. Böylece, dar bir kıyı şeridi üzerinde yürümeye koyuldum. Kum şeridinin darlığına önce alışmak gerekiyordu. Ellerimi cebime sokmuş, yüzümü dik bir açıyla ırmağa çevirmiştim; öyle ki çenem nerdeyse omuzuma yapışmıştı.

Kıyıdaki taşlara kırlangıçlar konmuştu. Şişko dedi ki: "Kıyıdaki efendi, sakın beni kurtarmaya çalışmayınız! Suyun ve rüzgârın intikamıdır bu, artık işim bitiktir. Evet, bir intikamdır bu, çünkü Tanrı'ya dua edip yalvaran dostumla şimdiye dek kaç kez kılıçların şakırtısı ve zillerin göz kamaştırıcılığında, boruların engin görkemi ve davulların öfkeyle parlayışında bu nesnelerin üzerine saldırdık biz."

Az sonra küçük bir sivrisinek, gerilmiş kanatlarıyla, hızını hiç azaltmadan Şişko'nun karnının bir tarafından girip öbür tarafından çıktı. Şişko anlatmaya devam etti:

Duacı ile başlayan konuşma

Bir zamanlar her gün kiliseye giderdim; çünkü âşık olduğum kız orada akşamları yarım saat diz çöküp dua eder, ben de rahatça onu seyrederdim.

Bir gün kız gelmedi; istemeye istemeye ibadet edenlere bakıyordum ki çelimsiz bedeniyle kendini boylu boyunca yere atmış genç bir adam ilişti gözüme. Ara sıra bütün gücüyle başını tutuyor, ahlayıp oflayarak taşların üzerinde duran avuç içlerine indiriyordu.

Sadece birkaç yaşlı kadın vardı kilisede; başörtüleriyle sarıp sarmaladıkları başlarını sık sık yana eğerek döndürüyor ve duacıya bakıyorlardı. Kendisine karşı gösterilen ilgiden memnun bir hâli var gibiydi genç adamın; çünkü her cezbeden önce gözlerini çevresinde gezdiriyor, kendisine bakanların çok olup olmadığını anlamak istiyordu. Bense bunu yersiz bulmuştum; kiliseden çıkar çıkmaz gidip adamla konuşmaya ve neden bu şekilde ibadet ettiğini sorup öğrenmeye karar verdim. Hem benim kızın ortalarda görünmeyişine de epey canım sıkılmıştı.

Ancak bir saat sonra doğrulup kalktı adam, sonra da itinayla istavroz çıkarıp kesik kesik adımlarla kutsal su kurnasına yürüdü. Hemen oraya gidip kurna ile kapının arasına dikildim, bana bir açıklamada bulunmadan ona yol vermemeyi kafama koymuştum. Mertçe konuşmaya hazırlık olsun diye her zaman yaptığım gibi ağzımı büzmüştüm. Vücudumu ileri uzattığım sağ ayağıma yaslayıp sol ayağımı parmak uçları üzerinde tuttum; bu da dayanıklılığımı artırdı.

Adam, kutsanmış suyla yüzünü ıslatırken yan gözle

bana bakıyor olabilirdi. Belki de benim daha önce kendisine baktığımı fark edip telâşlanmıştı; çünkü hiç beklenmedik bir anda fırlayıp çıktı kapıdan. Cam kapı arkasından kapandı. Hemen ardından koştum, kapının önüne çıkınca baktım, kayıplara karışmıştı; çünkü o yakında birkaç dar sokak bulunuyordu ve giden gelen çoktu.

Sonraki günlerde adam pek ortalarda gözükmedi, ama kız gelmişti. Omuz kısımları şeffaf dantelli –iç gömleğinin yakası dantellerin altından görülebiliyordu- siyah bir elbise giyiyor, elbisenin dantellerin alt kenarlarından aşağı sarkan ipek kumaştan bağcıkları incecikti. Kız artık geri döndüğü için, genç adamı çoktan unutup gitmiştim ve sonraları adam yine düzenli kiliseye uğrayıp alışık olduğu gibi ibadetini sürdürdüğünde bile hiç oralı olmadım. Ama o hep yüzü başka yana dönük, büyük bir telaşla geçiyordu yanımdan. Oysa tapınırken sık sık bana bakıyordu. Sanki kendisini ilk gördüğüm zaman konuşmadım diye bana içerlemişti; onunla konuşmayı denemekle bunu yapma görevini de gerçekten üstlenmişim gibi bir hâli vardı. Ve bir vaazdan sonra benim kızın ardından kapıya doğru ilerlemeye çalışıyordum ki yarı karanlıkta kendisine tosladım, gülümser gibiydi. Ne onunla konuşmak diye bir görev vardı kuşkusuz ne de konuşmak isteği duyuyordum artık.

Bir gün odamda oyalanıp gecikmiştim, buna rağmen koşa koşa kiliseye gittim, ama kız çoktan çıkıp gitmişti, tekrar eve dönmek istedim. O sırada yine o genç adamı gördüm. Şu eski olay aklıma geldi ve meraklandım. Sonunda parmaklarımın uçlarına basarak kapıya doğru gittim; burada oturan kör bir dilencinin eline birkaç kuruş tutuşturup kapının açık kanadının arkasına, dilencinin yanına sıkıştım. Burada, aşağı yukarı bir saat oturdum. Halimden hoşnuttum ve sık sık buraya gelmeye karar verdim. Fakat bir saat sonra burada duacı yüzünden oturmayı anlamsız bulmaya başladım. Buna karşın, bir üçüncü saatimi de öfkeyle, örümceklerin üzerimde gezinmesine müsaade ederek geçirdim; o sırada cemaatin geri kalanı kilisenin karanlığından nefes nefese dışarı çıkıyordu.

Az sonra o da göründü. Dikkatice yürüyor, ayaklarını basmadan önce, parmak uçlarıyla ilkin hafifçe yeri yokluyordu.

Ayağa kalktım, attığım uzun bir adımla onu yakasından yakaladım. "İyi akşamlar!" dedim. Elim yakasında, onu itip kakarak basamaklardan aşağı indirip aydınlık alana çıkardım.

Alana gelince bana döndü ve zayıf bir sesle, "Şu arkamdan elinizi çekecek misiniz?" dedi. "Benden ne diye kuşkulandığınızı bilmiyorum, ama ben suçsuzum." Sonra bir kez daha tekrarladı: "Benden niçin kuşkulandığınızı bilmiyorum elbette."

"Ne kuşku ne suçsuzluk sözünün yeri var burada. Rica ederim, bu konuda daha çok konuşmayın. İkimiz de birbirimize yabancı kişileriz; şunun şurasında tanışalı ne kadar zaman geçti aradan! Dolayısıyla, şimdi hemen suçsuzluğumuzdan söze başlarsak sonra nerede alırız soluğu!"

"Tam olarak ben de aynı şeyi söylüyorum. Bizim suçsuzluğumuz dediniz, bununla ben kendi suçsuzluğumu kanıtlarsam, sizin de kendinizinkini kanıtlamak zorunda kalacağınızı mı söylemek istediniz? Bu muydu yani demek istediğiniz?"

"Hem bu hem değil," cevabını verdim ben. "Sizinle istişare etmek, size sormak istediğim bir şey var da onun için; aklınızdan çıkarmayın bunu."

"Eve gitsem çok iyi olacak", dedi ve hafif bir dönüş yaptı.

"Buna inanıyorum. Yoksa ne diye sizinle konuşacaktım? Güzel gözlerinizin hatırı için sizinle konuştuğumu sanmazsınız herhâlde."

"Acaba biraz fazla samimi değil misiniz?"

"Burada bu gibi şeylerin yeri yok diye bir kez daha mı söyleyeyim size? Samimiyetin ne işi var burada, samimi olmayışın ne işi var? Ben soracağım, siz sorduklarımı yanıtlayacaksınız, sonra eyvallah. Sonra evinize mi gideceksiniz, buyrun, hem de dilediğiniz kadar çabuk."

"İlerde yine buluşsak daha iyi değil mi? Şöyle uygun bir zamanda? Bir kahvede örneğin? Hem nişanlınız bayan gideli henüz birkaç dakika oldu. Pekâlâ yetişebilirdiniz kendisine, sizi ne çok bekledi bilseniz!"

"Hayır!" diye haykırdım yandan geçen tramvayın gürültüsü yüzünden. "Sizi bırakmıyorum. Doğrusu sizden pek hoşlandım. Siz benim için bir talih kuşusunuz. Sizi yakaladığım için kendimi tebrik ediyorum."

Bunun üzerine dedi ki: "Ah, Tanrım! Söylendiği gibi sağlam bir kalbiniz fakat odun gibi kafanız var. Benim için talih kuşu diyorsunuz ya, nasıl talihli olabilirsiniz ki! Zira benim mutsuzluğum sallanıp duran bir mutsuzluktur; dokunulmaya görsün, soru soranın üzerine yıkılır hemen. Size iyi geceler, bayım!"

"Pekâlâ!" dedim ve onu şaşırtıp sağ elini yakaladım. "Gönül rızasıyla cevap vermediğiniz takdirde sizi buna zorlayacağım; sağa sola, nereye giderseniz ardınızdan geleceğim. Hatta evinizin merdiveninden çıkacak, odanızda bir yer bulup oturacağım. Hiç kuşkusuz, bir bakın yüzüme şöyle, dayanacağım sonuna kadar. Peki, ama siz…" İyiden iyiye kendisine sokuldum, benden bir baş daha uzun olduğundan boynuna doğru konuşmaya başladım: "Peki, ama siz bundan beni hangi cesaretle alıkoyacaksınız, merak ediyorum."

Bunun üzerine, ellerimin birini bırakıp birini öpmeye başladı yaşlı gözleriyle. "Sizden bir şey esirgenemez. Siz nasıl benim eve gitmekten memnunluk duyacağımı biliyorsanız, ben de sizden bir şey esirgenemeyeceğini daha önceden biliyordum. Ama lütfen, şu karşıki yan sokağa girsek!" Başımla hay hay dedim ve yürüdük. Bir araba aramıza girip ben geride kalınca, iki eliyle acele et anlamında işaret etti.

Ama birbirine epey uzak mesafedeki sarı fenerlerin bulunduğu sokağın karanlığıyla yetinmeyip beni eski bir evin alçacık sofasına, ahşap bir merdivenin önünde asılı duran, içinden yere gaz damlayan bir lambanın altına götürdü.

Orada eline bir mendil aldı ve onu bir basamağın üzerine sererken bana seslendi: "Oturduğunuz yerden sorularınızı daha iyi sorabilirsiniz; ben ayakta kalacağım, çünkü sorduklarınızı ayakta daha iyi cevaplandırabilirim. Ama bana eziyet etmeyin!"

Bunun üzerine oturdum, ama başımı yukarı kaldırarak söylemeden edemedim: "Siz tam bir tımarhaneliksiniz! Kilisede neden öyle davranıyordunuz, merak ettim doğrusu. Hem gülünç hem de görenler için ne kadar tatsız bir manzara! İnsan size bakarken nasıl huşu içinde ibadet edebilir ki?"

Vücudunu duvara yapıştırmıştı, yalnız başı havada serbestçe hareket ediyordu: "Bu sizinkisi bir yanılma sadece, çünkü inananlar davranışımı doğal, diğerleri ise sofuca buluyor."

"Ama benim size kızmam bunu çürütüyor."

"Kızgınlığınız -diyelim ki gerçek bir kızgınlıktır- sizin ne inananlardan ne de ötekilerden olduğunuzu gösterir ancak."

"Haklısınız davranışınız beni kızdırdı demekle biraz abartıya kaçtım; başta söylediğim gibi biraz meraklandırdı, o kadar.

Peki ya siz? Siz nasıl bir kimsesiniz?" diye sordum.

"Şöyle söyleyim, onun bunun bana bakmasından, ara sıra mihraba bir gölge düşürmekten zevk duyan biriyim."

"Zevk mi?" diye sordum yüzümü buruşturarak.

"Hayır, elbette. Yanlış ifade ettiğim için bana kızmayın; zevk değil, bir ihtiyaç. Bütün kasaba oradayken, bütün bakışların üzerime çevrilmesi ve olduğum yere çivilemesi…"

"Neler söylüyorsunuz siz, Allah aşkına!" diye bağırdım, bu son sözler, basık tavan yüzünden fazla yüksek çıkmıştı; ama sonra susmaktan veya ses tonumu düşürmekten korktum. "Sahi, neden bahsediyorsunuz? Baştan beri içinde bulunduğunuz hali sezmiştim aslında. Biraz görüp geçirmişliğim vardır ve eğer bunun karada deniz tutması olduğunu söylersem, şaka yaptığımı falan sanmayın! Bu hastalığın özelliği şu ki nesnelerin asıl isimlerini unutursunuz ve onların üzerine bir çırpıda rastgele isimler yağdırırsınız. Aman çabuk, aman çabuk! Ne var ki kendilerinden kaçar kaçmaz da isimlerini yine unutuverirsiniz. Kırda 'Babil Kulesi' adını verdiğiniz kavak -çünkü bir kavak olduğunu bilmiyordunuz ya da bilmek istemediniz- yine isimsiz sallanıp durur ortada ve siz ona şimdi 'Ayyaş Nuh' dersiniz."

"Ne söylediğinizi anlamadığıma seviniyorum," deyince şaşırdım biraz.

Öfkeyle cevap verdim hemen: "Ama sevinmekle de anladığınızı gösteriyorsunuz."

"Elbette gösterdim, bayım, ama siz de çok acayip konuştunuz."

Ellerimi bir yukarıki basamağın üzerine koyarak arkama yaslandım ve boksörlerin son kurtuluş çaresi saldırıya imkân tanımayan bir duruşla sordum: "Affedersiniz, fakat size sunduğum bir açıklamayı tekrar bana fırlatıp atmanız dürüstlüğe sığar mı?" Bunun üzerine cesareti yerine geldi. Vücuduna bir birlik ve bütünlük sağlamak isteyerek ellerini kavuşturdu. Hafif bir karşı koyma havası içinde: "Açık yüreklilik üzerinde çekişmeyi daha başta kapı dışarı ettiniz. Doğrusu artık tapınma biçimimi, size

43

tastamam açıklamaktan başka bir şey umurumda değil. Şimdi, biliyor musunuz, neden öyle tapınıyorum?"

Şimdi de beni sınava sokuyordu. Bunu elbette bilmiyordum, bilmek de istemiyordum. "Buraya gelmeyi de istememiştim zaten" dedim kendi kendime, ama bu adam kendisini dinleyeyim diye epey zorladı beni. Öyleyse, sırf başımı sallayıp hayır demem yetecek, her şey yoluna girecekti; ama işte o anda bunu yapamadım. O ise karşımda dikilerek bana gülümsedi. Sonra da başını dizlerinin üzerine eğip uykulu bir yüzle anlatmaya başladı: "Eh artık, neden benimle konuşmanıza ses çıkarmadım, bunu size açıkça söyleyebilirim: Meraktan, umuttan. Bakışlarınız avutuyor beni. Diğer insanlar için masanın üstündeki bir likör kadehi bile heykel gibi sapasağlam dururken, benim çevremdeki nesnelerin yağan bir kar gibi dibe çöküşlerindeki hikmeti sizden öğrenebileceğimi umuyorum."

Bunun üzerine sustum ve yüzümde irade dışı kasılmalar belirip de huzursuz olduğumu görünce sordu: "Yani bunun başka insanların da başına geldiğine inanmıyorsunuz, öyle değil mi? Gerçekten inanmıyor musunuz? Oh, dinleyin bakın! Küçük bir çocukken, kısa bir öğle uykusundan gözlerimi açtığım zaman, henüz yarı gerçek yarı düşte, annemin doğal bir ses tonuyla balkondan aşağı şöyle sorduğunu işittim: 'Ne yapıyorsunuz, şekerim? Aman ne sıcak, değil mi?' Bahçeden bir kadın sesi cevap verdi: 'Yeşillikler içinde oturmuş çay içiyorum.' Bu sözler düşünüp taşınmadan, belli belirsiz bir biçimde söylenmişti; kadın soruyu, annem de cevabı beklemişti sanki."

Sanki bana sorulmuş gibiydi. Pantolonumun arka cebine attım elimi ve bir şey arıyormuş gibi yaptım. Ama aradığım bir şey yoktu, yalnız o andaki durumumu değiştirip konuşmayla ilgilendiğimi göstermek istemiştim. Bu arada, bana anlattığı olayın çok tuhaf olduğunu ve bunu bir türlü anlayamadığımı söyledim. Ayrıca doğruluğuna da inanmadığımı, tam olarak kestiremediğim belli bir amaç için uydurulmuş olması gerektiğini sözlerime ekledim. Sonra da kötü ışıktan kurtulmak için gözlerimi yumdum.

"Hadi ama bu cesaret kırıcı! Bu konuda benim gibi düşünüyorsunuz ve çıkar gözetmez bir kimse olduğunuzdan bunu söylemek için durdurdunuz beni. Böylelikle bir umudumu yitiriyor, bir diğer umuda kavuşuyorum. Ne diye utanacakmışım? Dimdik ve ağır ağır yürümüyor, bastonumla kaldırım üzerine vurmuyor, gürültüyle yanımdan geçenlerin giysilerine sürtünerek ilerlemiyorum diye mi utanacakmışım? Köşeli omuzlarımla bir gölge gibi evler boyunca sektiğim, bazen vitrin camlarında kaybolup gittiğim için, inatla ve haklı olarak benim daha çok yakınmam gerekmez mi? Ne günler yaşıyorum Yarabbi! Her şey öyle berbat yapılmış ki ortada görünür bir neden yokken yüksek evler çöküp gidiyor bazen. Enkaz yığını üzerine tırmanıyor, karşıdan kim gelirse soruyorum: "Nasıl olabilir böyle bir şey? Bizim şehrimizde. Daha yeni bir bina! Bu bugün beşincisi! Düşünsenize bir!" bakıyorum, o an kimse bana cevap veremiyor.

İnsanlar sık sık devriliyor sokakta, cansız serilip kalıyorlar yere. Sonra dükkân ve mağaza sahipleri, dükkân ve mağazalarının mallardan geçilmeyen kapılarını açarak çevik adımlarla koşuyor, ölüyü alıp oradaki bir evden içeri tıkıyor, sonra da dönüp geliyorlar; ağız ve gözlerinin çevresinde bir gülümseme beliriyor, derken konuşmaya başlıyorlar.

"İyi günler! Gökyüzü de soluk bugün! Bol bol eşarp satıyorum. Öyle, savaş." Sonra eve geçiyor ve parmağımı büküp elimi pek çok kez çekinerek kaldırıp indirdikten sonra kapıcının küçük penceresini tıklatıyorum: "Beyefendi," diyorum kibarca, "az evvel ölmüş birini getirdiler size. Rica etsem, onu bana gösterebilir misiniz?" Adam, karar veremezmiş gibi başını sallayınca, kesin olarak ifade ediyorum: "Bakın, ben gizli polisim, bana hemen ölüyü gösterin! Defolun!" diye bağırıyor. "Fena dadandı şu serseriler, her Allah'ın günü buralarda sürtüp duruyorlar, ölü falan yok bizde, bitişiktedir belki, oraya bakın." Bunun üzerine selam verip çıkıyorum.

Ama derken büyük bir alandan geçmek zorunda kalınca, hepsini unutuyorum bunların. Böyle bir girişimin zorluğu kafamı karıştırıyor ve çoğu kez kendi kendime düşünüyorum. "Böyle kocaman alanlar yaparlar da ne diye alanın içinden parmaklıklı bir yol yapmazlar? Bugün yine güneybatıdan esiyor rüzgâr. Alandaki hava gergin. Belediye sarayındaki kulenin sivri tepesi küçük daireler çiziyor. Neden insan bu kalabalıkta başkasını rahat bırakmaz ki? Ne biçim bir gürültü bu. Tüm pencerelerin camları takırdıyor, sokak fenerleri bambu kamışları gibi eğilip bükülüyorlar. Sütun üzerindeki Hazreti Meryem'in pelerini kıvrım kıvrım; rüzgâr pelerini çekiştiriyor. Peki, ama kimse görmüyor mu bunu? Kaldırım taşları üzerinde yürümeleri gereken kadın ve erkekler, boşlukta süzülüyorlar âdeta. Rüzgâr kesilmeye yüz tutunca, durup birbirleriyle birkaç laf ediyor, karşılıklı eğilerek birbirlerini selamlıyorlar; ama rüzgâr yeniden esmeye başlayınca karşı duramayıp hep birden tabanlarını kaldırım taşlarından kaldırıyorlar. Uçmaması için sımsıkı sarılmaları gerekiyor şapkalarına, ama hava yumuşakmış gibi gözlerinin içi gülüyor yine de; havaya en küçük kusur buldukları yok. Bir tek ben korkuyorum."

Bunun üzerine kötü muameleye maruz kalmış gibi, dedim ki: "Daha önce anneniz ve bahçedeki kadına dair anlattığınız olay var ya, doğrusunu isterseniz ben hiç tuhaf bulmuyorum. Böylesi çok olaylar işittiğim, yaşadığım, hatta kendim de bu olaylara karıştığım için değil sadece; çok doğal bir şey de onun için. Yazın o dediğiniz balkonda dikilseydim, ben de aynı soruyu soramaz ve bahçeden de aynı cevabı alamaz mıydım sanıyorsunuz? Böyle sıradan bir olay işte!"

Ben böyle söyleyince, mutlu olmuş gibi göründü. Şık giyinmiş olduğumu, boyunbağımın hoşuna gittiğini söyledi. Üstelik cildim de çok narinmiş. Ve itiraflar sonradan geri alınınca kesinliğe kavuşurmuş.

Duacı'nın Hikâyesi

Sonra yanıma oturdu, zira bir çekingenlik gelmişti üzerime. Kendisine yer açtım, başımı yana eğmiştim. Ama buna rağmen kendisinin de belli bir sıkıntıyla orada oturduğu, benimle arasında küçük bir mesafeyi korumaya çalıştığı gözümden kaçmadı. Konuşmakta zorlanıyordu:

"Ne günler yaşıyorum!"

Dün akşam bir toplantıdaydım. "Kışa yaklaştığımıza pek seviniyorum" deyip gaz ışığında bir bayanın önünde tam eğilmiştim ki sağ üst bacağımın eklem yerinden burkulduğunu öfkeyle fark ettim. Diz kapağım da hafifçe oynamıştı yerinden.

Bu yüzden oturdum ve kurduğum cümlelerin bütünlüğünü korumaya çalışarak: "Çünkü kış çok daha az zahmet verir insana," diye devam ettim konuşmama. "Daha rahat davranır, konuşacağı sözler o kadar yormaz insanı, öyle değil mi, sevgili küçük hanım? Umarım, haklıyımdır bu konuda."

Bu arada, sağ bacağım canımı çok sıkıyordu. Başta büsbütün yerinden çıkmış gibiydi; ancak ovarak, gerektiği gibi itip çekerek biraz yerine oturtmayı başarmıştım. O sırada, halime acıdığı için kendisi de yanıma oturmuş bulunan kızın usulca şöyle dediğini işittim: "Hayır, beni hiç etkilemiyorsunuz, çünkü…"

"Durun bir saniye!" dedim hoşnut bir hâlde ve umutla. "Benimle konuşmanız size beş dakikaya bile mal olmayacak, sevgili küçük hanım! Hem konuşurken bir şeyler de yiyebilirsiniz."

Bunun üzerine kolumu kaldırdım, bronz kanatlı bir oğlanın elinde tuttuğu meyve kâsesinden sık taneli bir salkım üzüm aldım; sonra salkımı biraz havada tutup mavi kenarlı bir tabağa koydum ve kıza uzattım. Belki bir incelik de vardı bu davranışımda.

"Hiç de etkilemiyorsunuz beni?" dedi kız yeniden. "Söylediklerinizin hepsi de can sıkıcı, anlaşılmaz şeyler ve bu yüzden gerçek de değil. Yani bana kalırsa, bayım -ne diye bana hep sevgili küçük hanım deyip duruyorsunuz, bilmem- bana kalırsa, siz yalnız pek yorucu bulduğunuz için gerçeklere katlanamıyorsunuz."

Tanrım, işte o an keyfim yerine geldi. "Evet, küçük hanım, evet!" diye bağırdım âdeta.

"Ne kadar da haklısınız. Sevgili küçük hanım, insan hedeflemediği halde böyle ansızın anlaşıldığını görünce ne kadar seviniyor, bilseniz."

"Evet, gerçek sizin için çok yorucu bayım, baksanıza şu hâlinize! Boylu boyunca ipek kâğıdından oyulmuşa benziyorsunuz, sarı ipek kâğıdından, işte öylesine bir siluetten farkınız yok; yürürseniz hışırdadığınız duyulacak. Dolayısıyla davranış ve düşüncelerinizle heyecanlanmak için bir neden de yok, çünkü siz odadaki anlık esintilere göre eğilip bükülmek zorundasınız."

"Aklım almıyor. Şuracıkta, odada dikilen birkaç kişi var. Kollarını sandalyelerin arkalıklarına koyuyor veya piyanoya yaslanıyorlar; ya da bir bardağı duraksayarak kaldırıp ağızlarına götürüyorlar; yahut da çekinerek yandaki odaya geçiyor, sağ omuzlarını karanlıkta bir dolaba çarpıp incittikten sonra açık pencere önünde derin derin soluyarak düşünüyorlar: İşte orada Venüs duruyor, akşam yıldızı... Ama ben bu topluluk içindeyim. Bu toplulukla aramda bir ilişki varsa o zaman bu ilişkiyi anladığımı söyleyemem. Aslında bir ilişki var mı, onu bile bilmiyorum. Ve bakınız, sevgili küçük hanım, içlerindeki belirsizliğe uyarak böyle kararsız, hatta gülünç davranan bu insanlar arasında, kendisi hakkında bütünüyle açık söz-

ler işitmeye değer bir tek ben varım sanki. Hem bu söz-
leri hoşa gitsin diye öyle alaylı söyleyin ki baştan başa
yanmış bir evden nasıl temel duvarlar artakalırsa, sizin
de söyleyeceklerinizden göze görünür bir şeyler kalsın.
Bakışlar bir engele takılmıyor şimdi; kocaman pencere
boşluklarından gündüz bulutlar, gece yıldızlar görülüyor
gökyüzünde. Ama bulutlar hâlâ gri taşlardan yontulmuş,
yıldızlar da doğallıktan uzak görüntüler oluşturuyorlar.
Minnettarlığımı ifade etmek için size bir sır versem bir
gün gelip yaşamak isteyen bütün insanlar benim gibi gö-
rünecek, ne buyururdunuz; kâğıt mendillerden kesilmiş-
siluetler gibi -fark ettiğiniz gibi- yürüdüler mi hışırdadık-
ları duyulur. Başka türlü olmayacaklar şimdikinden, ama
işte anlattığım gibi görünecekler. Hatta siz bile, sevgili
küçük hanım!"

Birden kızın artık yanımda oturmadığını fark ettim.
Söylediğim son sözlerden sonra çekip gitmişti anlaşılan,
çünkü şimdi benden uzakta, bir pencere önünde dikili-
yordu; çevresini üç genç sarmıştı, beyaz ve dik yakalık-
larıyla gülerek konuşuyorlardı. Bunun üzerine keyifle bir
kadeh şarap içtim ve piyano başında oturan adama doğru
yürüdüm; adam tamamen uzak bir köşede, başıyla eşlik
ederek hüzünlü bir parça çalıyordu. Birden korkmasın
diye dikkatlice kulağına eğildim ve parçanın melodisine
uyup usulca dedim ki:

"Ah ne olur, saygıdeğer beyefendi, bırakınız, biraz da
ben çalayım, çünkü şu anda mutlu olmak üzereyim.'

Sözlerime kulak asmadığından, bir süre ıkıla sıkıla
ayakta dikildim; sonra çekingenliğimi yenerek salondaki

konukları tek tek dolaştım ve aşağı yukarı hepsine şöyle söyledim: "Bu akşam piyano çalacağım. Evet..."

Hepsi de piyano çalan biri olmadığımı biliyor gibiydi, ama konuşmalarının böyle hoş bir şekilde kesilmesinden ötürü nazikçe gülümsediler. Fakat piyano çalan adama yüksek sesle bağırınca tüm dikkatleri bana yöneldi: "Ah ne olur, bırakınız, biraz da ben çalayım, şu anda mutlu olmak üzereyim. Büyük bir zafer olacak bu benim için."

Adam piyano çalmayı bıraktı, ancak oturduğu kahverengi banktan kalkmadı, üstelik beni anlamamışa benziyordu. İç çekip uzun parmaklarıyla yüzünü kapadı. Biraz acır gibi oldum ve tam onu çalması için tekrar cesaretlendirecektim ki evin hanımı, yanında küçük bir toplulukla çıkageldi.

"Komik bir fikir bu!" dediler ve sanki doğal olmayan bir şeyi yapmak istiyormuşum gibi sesli sesli güldüler.

Kız da gelip onlara katılmıştı, aşağılayıcı bir tavırla bana bakarak dedi ki: "Aman hanımefendi, bırakın çalsın! Belki bu eğlenceye bir katkıda bulunmak istiyordur; bu da doğrusu övgüye layık bir davranış... Lütfen, hanımefendi!"

Buna hepsi de sevinmişti, sevinçlerinden bağırıp çağırmaya başladılar; çünkü anlaşılan onlar da benim gibi bu sözlerin alay için söylendiğini sanıyordu. Sadece piyano çalan adamın sesi çıkmıyordu; başını önüne eğmiş, kum üzerine bir şeyler çiziyormuş gibi, sol elinin işaret parmağını oturduğu bankın üzerinde gezdiriyordu. Ben titremeye başlamıştım; bunu belli etmemek için ellerimi pantolonumun ceplerine soktum. Artık net konuşamıyordum, çünkü bütün yüzümü bir ağlama isteği kaplamıştı. Bu yüzden sözlerimi öyle seçmem gerekiyordu ki ağlamak istiyormuşum gibi düşünmem, dinleyenlere gülünç gelmeliydi.

"Sayın hanımefendi," dedim. "Şu anda piyano çalmam gerekiyor çünkü…" Ama nedenini unuttuğumdan, aniden gidip piyanonun başına oturdum. Derken yeniden kavradım içinde bulunduğum durumu. Piyano çalan adam yerinden kalkarak, nazik bir hareketle bankın üzerinden atladı, çünkü ben geçmesini engelliyordum. "Lütfen, şu ışığı söndürür müsünüz? Ben yalnız karanlıkta çalabilirim," diyerek doğruldum. O anda iki adam, bankı kavradığı gibi, ıslık çala çala beni de biraz sağa sola sallayarak piyanodan çok uzağa, yemek masasının başına taşıdılar.

Herkes beğenmiş görünüyordu ve deminki kız: "Gördünüz mü, sayın hanımefendi?" dedi. "Ne kadar güzel çaldı! Ben bunu biliyordum zaten. Oysa siz epey korktunuz."

Anlamıştım; güzel bir reverans yaparak teşekkür ettim. Az sonra benim için bardağa limonata koydular; kırmızı dudaklı bir kız, ben limonatayı içerken bardağımı tuttu. Evin hanımı gümüş bir tabak içinde kremalı pasta ikram etti ve bembeyaz elbiseli bir kız pastayı ağzıma tepiştirdi. Gür sarı saçlı, etine dolgun bir kız da tepemde bir üzüm salkımı tutuyordu; bana sadece taneleri tek tek koparmak kalıyor, bu arada kız içe çökük gözlerimin içine bakıyordu.

Herkes bana böyle iyi davrandığı için tekrar piyanonun başına geçmek istediğimde, el birliğiyle beni bundan alıkoymak istemelerine elbette şaşırmıştım. "Eh, bu kadar yeterli" dedi, benim o ana dek ortada görmediğim evin beyi; ardından hemen dışarı çıkıp kocaman bir silindir şapka ve çiçek motifleriyle süslenmiş bakır kahverengisi bir pardösüyle döndü. "İşte giysileriniz!" dedi.

Gerçi benim pardösümle şapkam değildi, ama adamı bir kez daha gidip arama zahmetine de sokmak istemedim. Evin beyi, üzerime tam uyan pardösüyü kendisi giydirdi, pardösü ince bedenime sımsıkı oturmuştu. Hayırseverliği yüzünden okunan bir bayan da eğilip tek tek pardösünün düğmelerini ilikledi.

"Haydi, güle güle!" dedi evin hanımı. "Yakında yine gelin, her zaman başımızın üzerinde yeriniz var, bunu biliyorsunuz." O sırada bütün topluluk, sanki çok gerekliymiş gibi önümde eğildiler. Ben de eğilmek istedim ama pardösüm pek dardı. Bu yüzden şapkamı aldım ve sanırım biraz da savruk bir şekilde çıktım kapıdan.

Ama küçük adımlarla kapıdan çıkar çıkmaz, ayı ve yıldızlarıyla büyük kubbeli gök, belediye sarayı, Meryem Sütunu ve kilisesiyle Ring Alanı birden üzerime çullandı.

Sessizce gölgeden çıkıp ay ışığına geçtim; pardösümün düğmelerini çözüp ısınmaya çalıştım, sonra ellerimi kaldırarak gecenin uğultusunu susturdum, düşünmeye başladım:

"Gerçekmişsiniz gibi yapınca ne oluyor! Yeşil kaldırım üzerinde böyle gülünç bir durumda dikilen beni, gerçek olmadığıma beni inandırmak mı istiyorsunuz? Ama senin gerçek olduğun zamanlar çok gerilerde kaldı, ey gökyüzü! Ve sen ey Ring Alanı, sen hiçbir zaman gerçekten var olmadın.

Yalan değil, benden üstünsünüz hâlâ, ama ancak ben sizi rahat bıraktığım zaman...

Çok şükür ki ay, ay değilsin sen artık. Ama belki 'ay' adını verdikleri sana hâlâ 'ay' demem şapşallıktan başka şey değil. Sana "tuhaf renkli unutulmuş kâğıt fener" diyince neden gururlu halinden eser kalmıyor? "Meryem Ana Sütunu" desem, ne diye geri geri kaçarsın? Hem sana "sarı ışık saçan ay" dediğimde, eskiden takındığın o tehditkâr tavrını da göremiyorum artık.

Bana öyle geliyor ki hakkınızda uzun uzadıya düşünmek iyi gelmiyor size, cesaretinizden ve sağlığınızdan bir şeyler yitiriyorsunuz.

Tanrım! Her şeye kafa yoran bir insan, bir sarhoştan ders alsa, ne kadar hayırlı olurdu!

Niçin her taraf sessizleşti böyle? Sanırım rüzgâr kesildi. Sanki sık sık küçük tekerlekler üzerinde alanda ordan oraya yuvarlanan şu evler, şimdi yere çakılmış gibi duruyorlar suskun suskun; her zaman onları zeminden ayıran ince ve kara çizgi şimdi seçilmiyor bile."

Derken koşmaya başladım. Bir engelle karşılaşmaksızın üç kez büyük alanın çevresini dolandım ve bir sarhoşa rastlamayınca, hızımı azaltmadan ve yorgunluk hissetmeden Karl Sokağı'na doğru koştum. Gölgem de genelde benden kısa, duvar boyunu izleyerek, sanki duvarla yol arasındaki çukur bir yolda benimle geldi. İtfaiye binasının önünden geçerken, Kleiner Ring tarafından bir ses duydum. O yana sapınca, çeşmenin korkuluğunun önünde bir sarhoşun dikildiğini gördüm; kollarını yatay durumda uzatmış tutuyor, ayağındaki tahta sandallarla yeri dövüyordu.

Önce durup biraz soluklanmaya çalıştım, sonra ona doğru yürüyüp silindir şapkamı çıkardım ve kendimi tanıttım:

"İyi akşamlar, muhterem asilzadem! Yaşım yirmi üç, ama hâlâ bir adım yok. Size gelince:

Şaşırtıcı, hatta isimleri şarkı gibi terennüm edilen o büyük şehirden, Paris'ten geliyorsunuz kuşkusuz. Yoldan çıkmış Fransız sosyetesinin doğal olmayan o yapay kokusu sarmış etrafınızı."

"Giysilerinin cicili bicili kuyrukları merdivenlerin basamakları üzerine yayılır, kuyrukların uçları henüz bahçenin kumları üzerinde dinlenirken; kendileri yüksek ve aydınlık bir terasta durup dikilen, incecik belleriyle alaylı alaylı dönüp arkalarına bakan o gözleri boyalı büyük hanımları mutlaka görmüşsünüzdür. Öyle değil mi, dört bir yana dikilmiş uzun direklere daracık fraklar ve beyaz pantolonlarla uşaklar tırmanır, ayaklarını direklere dolar, ama belden yukarılarını genelde arkaya ve yana eğerler; kalın iplerle gri kocaman bez perdeleri yerden kaldırıp yukarıya germeleri gerekmektedir, çünkü büyük hanım sisli bir sabah dilemiştir."

Onun geğirmesi üzerine, âdeta ürkmüş halde sürdürdüm konuşmamı: "Sahi doğru mu? Şu bizim Paris'ten mi geliyorsunuz, bayım? Şu fırtınalı Paris'ten, şu romantik hayaller kasırgasından mı geliyorsunuz?"

Onun yeniden geğirmesi üzerine utanarak: "Biliyorum," dedim. "Büyük bir onur veriyorsunuz bana." Sonra pardösümün düğmelerini acele ilikleyerek coşkulu ve çekingen, konuşmama devam ettim:

"Biliyorum, beni bir cevaba layık görmüyorsunuz; ama size bugün bunları sormasaydım, artık hep ağlamaklı bir hayat yaşardım.

Yalvarırım söyleyin, benim şık asilzadem, bana anlatılanlar doğru mu? Sadece süslü püslü elbiseler giyen insanlar mı var Paris'te? Sokak kapısından başka kapıları bulunmayan evler mi var? Doğru mu yaz günlerinde şehrin üzerindeki gökyüzünün açık mavi renge boyandığı? Hepsinin kalp şekline bürünen bembeyaz bulutçuklarla süslendiği? İçinde sırf ağaç bulunan ve ziyaretçilerle dolup taşan bir panoptikumun[*] olduğu? Ağaçların üzerlerine asılmış küçük levhalarda, en meşhur kahramanların, canilerin ve âşıkların isimlerinin yazılı olduğu doğru mu?"

Sonra bir de şu haber! Şu anlaşılan yalancı haber! Öyle değil mi? Şu Paris sokakları ansızın dallanıp budaklanır; sessiz sakin değildir, öyle değil mi? Her şey her vakit yolunda gidecek diye bir şey yoktur; hem nasıl gitsin? Bazen bir kaza olur ve âdeta kaldırımlara temas etmeyen o büyük şehirli adımlarıyla, bitişik sokaklardan insanlar gelerek olay mahalline üşüşür. Gerçi hepsi merak içindedir, ama hayal kırıklığına uğramaktan da çekinirler. Çabuk çabuk nefes alır, nazik başlarını ileri uzatırlar. Ama birbirlerine çarptılar mı yerlere kadar eğilir ve af dilerler:

'Çok üzgünüm, istemeden oldu; bu kalabalıkta, bağışlayın, benim hatam, kabul ediyorum. Benim adım -adım Jerome Paroche; Rue de Cabotin'de baharatçı dükkânım var- izin verirseniz, sizi yarın öğle yemeğine davet etmek istiyorum, karım da çok sevinecektir.' İşte böylece

[*] J. Bentham'ın 1785'te tasarladığı, halka şeklindeki her hücreyi halkanın merkezinden gözetlemeye izin veren hapishane modeli.

konuşup dururlar; oysa sokak sanki uyuşmuş gibidir, bacalardan tüten dumanlar evlerin arasına çöker. Böyledir herhâlde. Kibar bir semtin işlek bir bulvarında iki araba durması da olasıdır. Uşaklar ciddiyetle kapıları açarlar. Sekiz soylu kurt köpeği, arabalardan iner aşağıya, havlayıp sıçrayarak bir çırpıda yolu tutarlar. O zaman da denir ki 'Paris'in kılık değiştirmiş züppe gençleridir bunlar.'"

Gözlerini sımsıkı yummuştu. Ben susunca, iki elini ağzına sokup alt çenesini çekiştirmeye başladı. Üzeri kir pas içindeydi. Belki meyhanelerin birinden kapı dışarı edilmişti de henüz bunun farkında değildi.

Belki başımızın biz beklemezken ensemizden sarktığı, her şeyin biz farkına varmadan, seyretmediğimiz için canlılığını yitirdiği ve sonra kaybolup gittiği, bizimse bükük karınlarımızla tek başına kaldığımız, ardından çevremize bakınıp artık hiçbir şey görmediğimiz, havanın herhangi bir direncini de hissetmediğimiz, ama içten içe hatıralarımıza tutunduğumuz gündüz ve gece arasındaki o küçük, alabildiğine durgun molaydı bu. Çok yakınımızda evler olacaktı, evlerin çatıları ve köşeli bacaları vardı; bacalardan evlerin içine yağan karanlık, tavan aralarından geçerek çeşitli odalara dökülürdü. Ve yarın, bütün inanılmazlığına karşın, her şeyin görülebildiği bir gündüzün başlayacak olması ne büyük bir mutluluk!

Derken sarhoş, kaşlarını aniden öyle kaldırdı ki kaşlarıyla gözleri arasında parlak bir gölge belirdi. Kesik kesik konuşarak açıklamada bulundu: "Aslında uykum var, yatmaya gideceğim, Wenzel Meydanı'nda bir eniştem oturuyor, işte oraya gidiyorum, çünkü eniştemin yanında kalıyorum, yatağım orada. Yani şimdi gideceğim, ama ne eniştemin adını ne de nerede oturduğunu biliyorum, unuttum sanırım. Ama hiç önemli değil, çünkü bir eniştem var mı onu da bilmiyorum. Eh, artık gidiyim ben, ne dersiniz, onu bulabilecek miyim?"

Bunun üzerine hiç düşünmeden "Elbette!" diye cevapladım. "Ama siz uzak diyarlardan geliyorsunuz," diye ekledim. "Tesadüfen uşaklarınız yanınızda değil. Müsaade edin, sizi ben götüreyim!"

Cevap vermedi. Girmesi için kolumu uzattım.

Şişko ile Duacı Arasındaki Konuşmanın Devamı

Ama ben bir süre kendimi cesaretlendirmekle meşguldüm. Vücudumu ovuşturup kendi kendime dedim ki: "Eh, zamanı geldi artık konuşmanın... Daha şimdiden şaşırmış gibisin. Ne o, canın mı sıkkın? Dur hele! Bu durumları bilmez değilsin. Acele etmeden düşün taşın! Çevren de bekler merak etme. Tıpkı geçen haftaki toplantıda olduğu gibi... Biri, elindeki kâğıttan bir şeyler okuyor. Bir sayfayı ricası üzerine kendim kopya etmiştim. Onun kaleminden çıkan satırlar arasında kendi yazdıklarımı okuyunca irkiliyorum. Tutarsız şeyler. Masanın üç yanından yazının üzerine eğiliyorlar. Ağlayarak bunun benim yazım olmadığına yeminler ediyorum.

Ama ne diye bugünküne benzesindi? Hem sınırlı bir konuşmanın doğması yalnız sana bağlı. Her şey sessiz sakin... Sık dişini biraz, canım! Bir bahane bulursun nasıl olsa. *'Uykum var. Başım ağrıyor. Haydi, hoşça kal!'* diyebilirsin. Durma işte, durma! Göster kendini! O ne? Yine mi engeller, yine mi? Ne geliyor aklına? Kocaman gökyüzüne karşı yeryüzünün kalkanı gibi yükselen bir yaylayı hatırlıyorum. Onu bir dağdan görüp içinden geçmek üzere yola koyulmuş ve şarkı söylemeye başlamıştım."

"Başka türlü yaşanamaz mıydı?" diye söylenirken dudaklarım kurumuş ve laf anlamaz bir hâldeydi. "Hayır," diye cevapladı o, sorar gibi ve gülümseyerek. Kendisiyle aramdaki, o ana dek sanki uykuda desteklediğim her şey çöküp yıkılırken: "Peki neden akşamları kilisede dua ediyorsunuz?" diye sordum. "Hayır, hem ne diye bu konu hakkında konuşmamız gerekiyor ki? Tek başına yaşayan hiç kimse akşamleyin bir sorumluluk taşımaz. İnsan bazı şeylerden korkar: Belki fiziksel varlığın uçup gitmesinden, insanların gerçekten alacakaranlıkta göründükleri gibi olduklarından, yolda bastonsuz yürünememesinden; belki de başkaları bize baksın da fiziksel bir varlık kazanalım diye kiliseye gidip bağıra çağıra dua etmenin daha iyi olacağından..."

O böyle konuşup susunca, cebimden kırmızı mendilimi çıkardım ve başımı önüme eğip ağlamaya başladım. Bunun üzerine ayağa kalkarak beni öptü ve dedi ki: "Niçin ağlıyorsun? Bak uzun boylusun, uzun boyu severim; istediğin gibi davranan uzun ellerin var, neden bunlara sevinmiyorsun? Sana bir öğütte bulunayım: Her zaman koyu renkli manşetler tak kollarına. Yapma! Ben sana iltifatlar ederken sen ağlıyor musun? Sen bu hayatın yükünü omuzlayacak kadar aklı başında birisin."

"Gerçekte işe yaramaz savaş araçları, kuleler, duvarlar, ipekten perdeler yapıyoruz. Vakit bulabilsek hayli şaşardık bu işe. Ve boşlukta tutuyoruz kendimizi, düşmüyoruz, çırpınıyoruz. Yarasalardan daha çirkiniz, öyleyken uçmaya bakıyoruz. Ve güzel bir gün: *'Oh Tanrım, bugün ne güzel bir gün!'* demekten artık pek alıkoyamıyor kimse bizi, çünkü bir kez yeryüzüne yerleşmişiz ve rıza göstermiş, yaşayıp gidiyoruz."

"Yani karda ağaç gövdelerinden farkımız yok bizim. Ağaç gövdeleri hemen toprak üzerinde duruyor gibidir; ufak bir yüklenişte yerinden söküp atabileceğimizi sanırız. Ama hayır, buna gücümüz yetmez, çünkü sımsıkı bağlıdırlar toprağa. Bak işte, bu bile yalnız görünürde böyledir."

Düşünüp durman, beni ağlamaktan alıkoyuyordu: "Gece oldu, kimse şu anda söyleyebileceğim sözlerden dolayı yarın beni kınayamaz, çünkü uykuda konuşulmuş olabilir hepsi."

Bunun üzerine dedim ki: "Evet, doğru! Ama neden bahsediyorduk ki biz? Sanırım gökyüzündeki ışıklardan değil, çünkü bulunduğumuz yer bir apartmanın merdiven boşluğu... Hayır, ama bunlardan da bahsediyor olabilirdik; söyleşimizde büsbütün özgür sayılmasak da bir amaca ya da gerçeğe varmak niyetinde değiliz. Bunu yalnız şaka olsun diye, eğlenelim diye yapıyoruz. Ama siz yine bahçedeki kadının hikâyesini bana bir kez daha anlatsanız olmaz mı? Ne kadar zeki, ne kadar hayran olunacak bir kadın o! Davranışlarımıza onu örnek almalıyız. Doğrusu çok sevdim bu kadını. Hem ne iyi oldu sizinle karşılaşmam, sizi yakalamam! Sizinle konuşmaktan büyük bir haz duydum. Sizden, benim şimdiye kadar belki bile bile kendimi öğrenmekten alıkoyduğum bazı şeyler işittim, sevindim doğrusu..."

Memnun görünüyordu halinden. Bir insan vücuduna dokunmak benim için her zaman tatsız bir şey olmasına rağmen, onu kucaklamadan duramadım. Sonra koridordan kalkıp açık havaya çıktık. Dostum dağınık birkaç bulutçuğu üfleyip bir kenara itince, yıldızlardan oluşan kesintisiz bir boşluk belirdi karşımızda. Dostum güçlükle yürüyordu.

4
Şişko'nun Batışı

Derken her şey birden hızla uzaklara savruldu. Irmağın suları bir uçurum kenarından aşağılara çekildi, ama gitmek istemeyip direndi sular; uçurumun parçalanıp un ufak olmuş kenarında bir süre sallanıp sonra topak topak, dumanlar içinde yuvarlandılar aşağıya.

Şişko fazla konuşamadı, ister istemez geriye döndü, gürül gürül ve hızla akan çağlayanda gözden kayboldu.

Onca eğlenceyle karşılaşan ben, kıyıda duruyor ve olup bitenleri seyrediyordum. "Ciğerlerimiz ne halt etsin!" diye bağırdım. "Çabuk solusalar kendiliklerinden, kendi içlerindeki zehirlerden boğulurlar; yavaş solusalar solunamaz havadan, öfkeli şeylerden boğulurlar. Ne var ki tutturacakları tempoyu aramaya kalksalar, daha aramaya başlar başlamaz mahvolur giderler."

Bu arada ırmağın kıyıları uçsuz bucaksız uzanıyordu, ama ben yine de avucumun içiyle uzaktaki minik bir işaret levhasının demirine dokundum. Nasıl oldu ben de pek anlamadım. Boyum oldukça kısaydı, sanki neredeyse her zamankinden daha kısaydı ve birden şöyle bir silkinen beyaz yabanmersini çalısının boyu, boyumu aşmıştı. Gözümden kaçmamıştı bu, çünkü demin çalının yanından geçmiştim.

Ama yine de yanılmıştım; çünkü kollarım öyle uzundu ki geniş bölgeleri kaplayan yağmur bulutlarına benziyordu; sadece onlardan daha aceleciydiler. Ne diye sanki zavallı başımı ezmek istiyorlardı, bilmem.

Ayrıca başım öyle küçüktü ki bir karınca yumurtasına benziyordu; yalnızca biraz zedelenmişti, bu yüzden artık o kadar yuvarlak sayılmazdı. Bu yuvarlağı yalvara yakara döndürüp çeviriyordun; çünkü gözlerimdeki ifadenin farkına varılmayabilirdi; işte öylesine küçüktü gözlerim.

Ama bacaklarım, o şaşılası bacaklarım ormanlık dağların üzerinde dinleniyor ve köylük ovaları gölgelendiriyordu. Büyüyor, durmadan büyüyorlardı. Araziden yoksun boşluklara doğru uzanmaya başlamışlar, uzunlukları çoktan görme sınırımı aşmıştı.

Ama hayır, o değil, boyum kısa. Şimdilik kısayım ve yuvarlanıyorum, yuvarlanıyorum, dağlarda bir çığım! Ah ne olur, gelip geçenler, lütfen söyleyin, boyum ne kadar benim; şu kollarımı, bacaklarımı bir ölçün!

III

"Bu da ne!" dedi, benimle toplantıdan çıkıp Laurenzi Tepesi'ne giden yolların birinde sessiz sedasız yanımda yürüyen ahbabım. "Artık biraz durun da ne olduğunu anlayayım! Biliyor musunuz, halletmem gereken bir şey var. Çok da zor bu soğuk denebilecek esinti, sonra bu aydınlık gece, hatta zaman zaman şu akasyaların yerini değiştiriyormuş gibi görünen somurtkan rüzgâr."

Bahçıvan kulübesinin gölgesi, ay ışığında yolun üzerine gerilmiş duruyordu, biraz da karla bezenmişti. Kapının yanındaki bankı fark edince elimi kaldırıp gösterdim; çünkü cesaretim yoktu ve ondan sitemler bekliyordum; bu yüzden sol elimi göğsümün üzerine koydum. Ahbabım bezmiş hâlde gidip güzel giysilerini umursamadan banka oturdu ve dirseklerini kalçalarına dayadı, alnını dışa doğru büktüğü parmak uçlarına dayayarak şaşırttı beni:

"Evet, şimdi şunu söylemek istiyorum: Biliyor musunuz, düzenli bir hayat sürüyorum, tekleyen hiçbir şey yok; olup biten ne varsa hepsi de zorunlu ve değerli şeyler.

Girip çıktığım topluluğun alışık olduğu felaket, çevremle benim memnuniyetle izlediğimiz gibi, beni de esirgemedi, sonra o genel mutluluk da gecikmeden gösterdi kendini ve ufak topluluklarda bu mutluluktan bahsedebildim. Evet, şimdiye dek hiç âşık olmamıştım gerçekten. Buna ara sıra esef eder, ama sıkışınca sevdiğimi ileri sürerdim. Şimdi söylemek zorundayım: Evet âşığım ve galiba aşk heyecanı sardı içimi. Kızların sahip olmayı dilediği ateşli bir âşığım. Ama bende daha önce bulunan bu eksikliğin, ilişkilerime apayrı ve eğlenceli, her şeyden önce eğlenceli bir yön vereceğini düşünmem gerekmez miydi?"

"Durun canım, sakin olun!" dedim, ilgisiz ve yalnızca kendimi düşünerek. "Duyduğuma göre, sevgiliniz de pek güzelmiş."

"Evet, güzel bir kız... Onun yanında otururken hep şunu düşünmüşümdür: 'Bu bir risk -olsun, ben de gözü kara biriyimdir- riski göze alıp birden bir deniz yolculuğuna çıkarım- galonlarla şarap içerim.' Fakat o gülünce, beklendiği gibi dişlerini göstermez; aksine, bütün seçilebilecek şey, karanlık, dar ve eğri büğrü bir ağız boşluğudur. Bu da gülerken başını ne denli geriye atarsa atsın, sinsi ve yaşlı bir görünüm kazandırır ona."

"Bunu inkâr edemem!" diye cevap verdim iç geçirerek. "Belki ben de görmüşümdür bunu, çünkü göze çarpan bir şey olmalı. Fakat sadece bu değil. Kızlardaki güzelliğin kendisi göze çarpıcıdır! Çoğu zaman kat kat pileler, dantel ve süslerle güzel bir bedene güzelce oturmuş giysiler gördüğümde, uzun süre öyle kalmayacaklarını, yer yer bir daha kaybolmayacak kırışıklarla örtüleceklerini, süslerin içerisine parmak kalınlığında bir daha temizlenemeyecek tozların dolacağını, kimsenin bu paha biçilmez giysiyi her gün sabah giyip akşam çıkaracak kadar kendini üzmeyeceğini ve gülünç duruma sokmak istemeyeceğini düşünürüm. Fakat zarif kaslarını, kemiklerini, gergin tenlerini, ipek gibi ince saçlarını gösteren; ama her gün bu bir tek doğal karnaval kostümüyle boy göstererek hep aynı yüzü aynı avuçların içerisine alan ve aynalarından yansıtan oldukça güzel kızlar da görüyorum. Yalnız kimi akşamlar bir eğlenceden eve dönüp de aynaya bakınca, yıpranmış, şişmiş, tozlanmış, herkes tarafından görülmüş ve artık taşınacak yanı kalmamış gibi gelirler kendilerine."

"Ama ben yol boyunca size sık sık kızı güzel bulup bulmadığınızı sordum; ama siz hep başka tarafa çevirdiniz yüzünüzü, bana cevap vermediniz. Söyleyin, kötü bir şeyler mi geçiyor aklınızdan? Ne diye teselli etmiyorsunuz beni?"

Ayaklarımı gölgenin içine daldırdım ve nazikçe: "Teselliye ihtiyacınız yok sizin, çünkü siz seviliyorsunuz," dedim. Serin havada üşütmemek için, mavi üzüm motifleriyle süslü mendilimi ağzıma tuttum.

Sonra tombul yüzünü bana dönüp oturduğu sıranın alçak arkalığına yasladı: "Biliyor musunuz, genel anlamda hâlâ vaktim var; bu yeni başlayan aşkı alçakça bir davranışla ya da sadakatsizliğe saparak yahut da kalkıp uzak bir ülkeye giderek hemen bitirebilirim. Çünkü bu heyecanı taşıyıp taşımama konusunda kuşkuluyum. Hani kesin hiçbir şey yok ortada, kimse bu işin nereye varacağını ve süresini kati olarak söyleyemez. Kafayı bulmak niyetiyle kalkıp bir meyhaneye gitsem, yalnız bu akşam için sarhoş olacağımı biliyorum; ama şimdiki durumumda! Bir hafta içinde, dostlarımızla bir gezinti yapmayı planlıyoruz. Bunun bir hafta boyunca kalbinizde estireceği fırtınaları hayal edin! Bu akşamın öpücükleri, azgın düşlere yer açmak için uykumu getiriyor. Ama aldırış etmiyor, kalkıp bir gece gezintisine çıkıyorum; gezinti boyunca üzerimde hep bir heyecan, yüzüm sanki rüzgârın darbelerini yemiş gibi soğuk ve sıcak, elimi cebimdeki pembe eşarba dokundurmadan duramıyorum; alabildiğine büyük korkular var içimde, ama peşlerine takılamıyorum; hatta başka zaman kendisiyle hiç bu kadar uzun boylu konuşamayacağım size bile katlanıyorum."

Çok üşüyordum, gökyüzü de biraz ağarmaya yüz tutmuştu. "Bu durumda sizi ne bir alçaklık kurtarır, ne sadakatsizlik ne de kalkıp başka ülkelere gitmek. Belki kendinizi katletmeniz gerekecek," dedim ve gülümsedim.

Yolun karşı yakasında iki koruluk bulunuyordu; korulukların ardında, aşağıda ise şehir vardı ve hâlâ biraz aydınlıktı.

"İyi o zaman!" diye bağırıp küçük ve sert yumruğunu banka indirdi, ama geriye çekmeyerek öylece bıraktı. "Ama siz yaşıyor, kendinizi öldürmüyorsunuz. Kimse sevmiyor sizi. Elde ettiğiniz bir şey de yok. Bir saniye sonrasına hâkim olacak durumda bile değilsiniz, bir de kalkmış benimle konuşuyorsunuz, alçak herif sizi! Siz sevemezsiniz, korkudan başka hiçbir şey heyecanlandıramaz sizi. Şu göğsüme bir bakın!"

Hemen ceketini, yeleğini ve gömleğini çıkardı. Göğsü gerçekten de geniş ve güzeldi.

Ben anlatmaya başladım: "Evet, bu inatçı haller ara sıra üstümüze çöker. Mesela bu yaz bir köydeydim. Köy bir nehir kenarındaydı. Dün gibi hatırlıyorum. Çoğunlukla sahildeki bir bankta çarpık çurpuk bir halde otururdum. Yakında bir sahil oteli de vardı ve otelden sık sık keman sesi gelirdi. Güçlü kuvvetli gençler bahçedeki masalarda toplanır, bira içer, av partilerinden ve daha başka maceralardan bahsederlerdi. Ayrıca karşı sahilde bulutlu dağlar görülürdü."

Derken ağzımı çarpıtıp ayağa kalktım, bankın gerisindeki çimene yürüdüm; birkaç küçük karlı dal koparıp ahbabımın kulağına fısıldadım: "İtiraf edeyim, nişanlıyım."

Ahbabım ayağa kalktığıma şaşırmamıştı. "Nişanlı mısınız?" Doğrusu çok eğreti oturuyor, yalnız bankın arkalığı vücuduna destek oluyordu. Sonra şapkasını çıkardı; hoş kokulu, güzelce taranmış yuvarlak başını, bu kış modası keskin bir kıvrımla boynundan ayrılan saçlarını gördüm.

Ona böyle zekice cevaplar verdiğim için seviniyordum. "Evet," dedim kendi kendime, "topluluk içinde nasıl da çevik boynunu ve özgür kollarını oynatıyor. Bir hanımefendiyi alıp tatlı sözlerle bir salonun içinden geçirebilir; evin önünde yağmur yağıyormuş ya da orada utangaç bir kimse dikiliyormuş ya da daha başka rezalet şeyler oluyormuş, hiç kılı bile kıpırdamaz! Hayır, hanımefendilerin önünde biri ötekisi kadar güzel reveranslarda bulunabilir bu adam. Ama şimdi orada oturuyor öylece."

Ahbabım patiskadan bir mendili alnında gezdirip "Lütfen," dedi. "Elinizi biraz alnıma koyar mısınız? Rica ediyorum!" Ben hemen söylediğini yapmayınca, ellerini kavuşturdu.

Sanki derdimiz her şeyi karanlığa gömmüştü, yukarıdaki tepede küçücük bir odada oturur gibi oturuyorduk; oysa daha önce sabahın aydınlığını ve rüzgârını fark etmiştik. Yan yana otursak bile birbirimizden pek hoşlanmıyorduk, ama birbirimizden fazla da uzaklaşamazdık, çünkü kesin ve sağlam duvarlar vardı çevremizde. Fakat gülünç ve insan onuruna yakışmayacak şekilde davranabilirdik, çünkü üstümüzdeki dallardan ve karşımızdaki ağaçlardan utanmamız gerekmiyordu.

Az sonra ahbabım, uzun boylu düşünmeksizin cebinden bir bıçak çıkardı, dalgınca bıçağı açtı, sanki oyun oynar gibi sol kolunun yukarısına sapladı ve öylece bıraktı. Hemen kolundan kanlar akmaya başladı. Tombul yanakları sararmıştı. Bıçağı çekip aldım, paltosunu ve frakını keserek kolunu açtım, gömleğin kolunu da yırttım. Sonra, belki bana yardımcı olabilecek birini bulurum diye yoldan biraz aşağı koşup geri döndüm. Ağaçlardaki bütün dallar nerdeyse göze batacak şekilde seçiliyor ve hiçbiri kımıldamıyordu. Derken derin yarayı biraz emdim. O anda bahçıvan kulübesi geldi aklıma. Evin solundaki yüksek çimenliğin oluşturduğu merdiveni koşarak çıkıp pencereleri ve kapıları telaşla gözden geçirdim. Evde kimsenin oturmadığını hemen anlamama rağmen, yine de hırsımdan ayaklarımla yeri döverek zili çaldım. Sonra ince bir hat şeklinde kanayan yaraya baktım. Ahbabımın mendilini karda ıslatıp üstünkörü sardım kolunu.

"Ne yaptın be canım, ne yaptın!" diye söylendim. "Benim yüzümden kendini yaraladın. Aslında durumun o kadar iyi ki çevren dostluklarla sarılı; şık giyinmiş bir yığın insanın uzakta yakında, masa başlarında ve dağ yollarında görüldüğü bir gündüz vakti, kalkıp gezmeye gidebilirsin.

Düşün bir, baharda arabaya atlayıp fidanlıklara gideceğiz; ama hayır, biz değil, ne yazık ki değil, ama sen Anna'cığınla gideceksin, coşkuyla koşar adım... Ah, inan bana, rica ederim; sonra da güneş en güzel biçimde sizi herkese gösterecek. Oh, müzik de olacak, uzaktan atların sesleri duyulacak, derde tasaya da gerek kalmayacak, bağırıp çağırmalar işitilecek, ağaçlıklı yollarda laternalar çalacak."

"Aman Tanrım!" dedi ahbabım. Ayağa kalkarak bana yaslandı ve yürümeye başladık: "Burada yardım edecek birileri yok. Bu hoşuma gitmedi işte. Affedersiniz! Vakit çok mu geç oldu? Yarın sabah belki biraz çalışmam gerekecek. Ah Tanrım!"

Yukarıda, duvardan az ötede yanan bir fener, ağaç gövdelerinin gölgesini yolun ve beyaz karın üzerine yansıtıyor, kat kat dallar, eğilip bükülmüş gibi yamacın üzerinde duruyordu.

BİR KALBİN ÇÖKÜŞÜ
Stefan Zweig
Dil: Türkçe
Sayfa Sayısı: 30

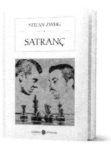

SATRANÇ
Stefan Zweig
Dil: Türkçe
Sayfa Sayısı: 58

KORKU
Stefan Zweig
Dil: Türkçe
Sayfa Sayısı: 69

AMOK KOŞUCUSU
Stefan Zweig
Dil: Türkçe
Sayfa Sayısı: 54

KÖY HEKİMİ
Franz Kafka
Dil: Türkçe
Sayfa Sayısı: 62

BABAYA MEKTUP
Franz Kafka
Dil: Türkçe
Sayfa Sayısı: 54

EIN LANDARZT
Franz Kafka
Dil: Almanca
Sayfa Sayısı: 63

IN DER STRAFKOLONIE
Franz Kafka
Dil: Almanca
Sayfa Sayısı: 52